启蒙时代

探索开启

创新、革命与变革之门

的

哲学运动

[英]汉娜·韦斯特莱克 编著

于占杰 译

AGE OF ENLIGHTENMENT

中国画报出版社·北京

图书在版编目（CIP）数据

启蒙时代 /(英) 汉娜·韦斯特莱克编著；于占杰译. -- 北京：中国画报出版社，2021.5

（萤火虫书系）

书名原文：All About History: Age Of Enlightenment

ISBN 978-7-5146-1993-5

Ⅰ.①启… Ⅱ.①汉… ②于… Ⅲ.①启蒙运动 – 研究 – 欧洲 Ⅳ.①B504

中国版本图书馆CIP数据核字(2021)第035588号

Articles in this issue are translated or reproduced from All About History:Age of Enlightenment, First Edition and are the copyright of or licensed to Future Publishing Limited, a Future plc group company, UK 2018.

北京市版权登记局著作权合同登记号：01-2020-7492

启蒙时代

［英］汉娜·韦斯特莱克 编著　于占杰 译

出　版　人：于九涛
审　　　校：崔学森
责任编辑：李　媛
责任印制：焦　洋
营销编辑：孙小雨

出版发行：中国画报出版社
地　　　址：中国北京市海淀区车公庄西路33号　邮编：100048
发 行 部：010-68469781　010-68414683（传真）
总编室兼传真：010-88417359　版权部：010-88417359

开本：16开（787mm×1092mm）
印张：13.25
字数：210千字
版次：2021年5月第1版　2021年5月第1次印刷
印刷：北京汇瑞嘉合文化发展有限公司
书号：ISBN 978-7-5146-1993-5
定价：65.00元

启蒙时代

开启创新、革命与变革之门的哲学运动

1660年，欧洲正面临着新的危机。英格兰和苏格兰发生了君主复辟；科学创新正在兴起；人们开始不安于现状。其时，文艺复兴已近尾声，更注重逻辑的启蒙时代拉开了帷幕。

新的哲学思想风靡欧陆，宗教及原先的生活方式受到了质疑，而咖啡馆和沙龙的兴起，也使得玛丽·沃斯通克拉夫特（Mary Wollstonecraft）等女性有机会成为知识界的一分子。在整个18世纪，新的思想如此耀眼，于是人们点燃了革命之火，而革命不仅改变了欧洲的面貌，也彻底改变了美洲的面貌。

轻启书扉，在这里，你会遇见那些把新的思维方式带给其臣民的国王和王后，还可一探理性时代所创作的艺术和文学作品。从爱尔兰到俄国，从美国到巴拉圭，这是一个变革的时代，过去的那个世界一去不复返了。

目 录

背景

- 8　文艺复兴
- 16　勇于求知
- 22　那些影响了启蒙运动的哲人

英国及欧洲

- 29　理念之争
- 34　苏格兰的启蒙运动
- 44　英国的启蒙运动
- 54　玛丽·沃斯通克拉夫特
- 60　爱尔兰的启蒙运动
- 64　受到启蒙运动影响的君主
- 72　艾萨克·牛顿
- 76　理性时代的科学
- 86　如何发现行星
- 90　俄国的启蒙运动
- 94　德国的启蒙运动
- 99　伏尔泰与启蒙运动
- 110　法国大革命
- 116　意大利的重生
- 120　哈斯卡拉运动

美洲

- 128　美国革命
- 134　本杰明·富兰克林
- 140　托马斯·杰斐逊
- 148　巴拉圭的革命
- 151　海地革命

影响

- 156　新思想的传播
- 170　妇女的地位
- 176　艺术界的启蒙运动
- 189　启蒙运动中的音乐
- 197　另一个莫扎特
- 203　后启蒙时代

129

背景

8　　文艺复兴
16　　勇于求知
22　　那些影响了启蒙运动的哲人

文艺复兴

在启蒙运动之前,是思想和知识重生的时代。

德里克·威尔逊(Derek Wilson)

文艺复兴时代是一个既具有创造力,又让人紧张不安的时代。不少人认为,公元1500年将是世界末日,阿尔布雷特·丢勒(Albrecht Dürer)的木刻版画《天启四骑士》(The Four Horsemen of the Apocalypse)成为他们挥之不去的梦魇。在所有欧洲人看来,中世纪的欧洲就是西方基督教的天下。一般而言,多瑙河和维斯瓦河(Vistula)以西的欧洲诸国,在精神上和文化上是一体的,罗马是他们的灵魂之都。

教皇通过政治、行政、宗教仪式和知识这四个网络,对欧洲大陆上的精神生活实施终极控制。罗马与所有的统治者保持外交联系,并对后者拥有最终的权威。从1314年开始,教皇的正装就有三重王冠,分别代表了"国王之父""世间的统治者""耶稣的代牧(代表)"。教皇通过主教辖区的主教和堂区的神父指导宗教仪式和人们的教义信仰。僧侣、修女、修士们的宗教秩序也形塑了圣洁的生活的观念。随着大学数量的增多,神学已成为"科学之皇后"。教师来自教堂,教堂监督课程。

对几乎所有人来说,这一切似乎理所当然。但是,对现状的怀疑和批判,并不是新近才出现的。时不时地总会冒出异见人士,质疑教皇的声明和正统的神学思想。罗马拥有处置"异教徒"的惩戒权,如有必要,罗马会毫不犹豫地动用这个权力。但在15世纪,"自由思想者"还是与日

时不时地总会冒出异见人士,质疑教皇的声明和正统的神学思想。

《大使们》(The Ambassadors),
汉斯·荷尔拜因(Hans Holbein),1533 年

这幅由小汉斯·荷尔拜因创作的油画,可从多重维度进行解读。

1. 对文艺复兴时期的学术和文化的颂扬。地球仪和天球仪与当时人们对地理学和天文学的认识有关。数学用具代表了当时的几何学和算术水平。乐器则指示了当时音乐的新趋势。

2. 对人文主义思想的再现。画中的两位人物是两位法国大使丁特维尤(François de Dinteville)和塞尔维(Georges de Selve)。丁特维尤后来被怀疑有异端思想,而塞尔维则被认为是温和的人文主义者。

3. 表明了不和谐。鲁特琴琴弦已断,天球仪上的母鸡在攻击鹰。前景最抢眼的是扭曲变形的头骨,只有在合适的角度看,头骨才是直立的,从其他角度看都不是直立的。

4. 宣告了宗教出现危机。画面左上角的基督受难像大部分被幕布遮住。荷尔拜因通过大量的文艺复兴时期的学术成就,指示了欧洲人的丰富生活。但所有这些成就都没有让世界变得更好。那扭曲的头骨无不在提示观画者,生命有盛衰悲欢,但转瞬即逝。我们正处于危险之中,但却对此视而不见(指耶稣受难像)。《大使们》还暗含了很多故事。放置巧妙的线索、象征和隐秘的含义,是文艺复兴时期艺术家们常用的技巧。尽管文艺复兴运动颂扬新发现的真理,拒斥旧的教条,但并没有消除人类对终极命运的焦虑。凡·艾克(Van Eyck)的令人毛骨悚然的《最后的审判》(The Last Judgement)所表达的仍是许多人的感受,而荷尔拜因在挑战基督教的启示的同时,也预示了人文主义者有将婴儿和洗澡水一起泼出去的可能。

俱增，而且正是在大学里，出现了质疑，引发了后来我们称之为"文艺复兴"和"宗教改革"的运动。

要确定这个重要的历史运动的起讫时间，恐怕意义不大，但在15世纪50年代，有两起事件，就其对人类知识的影响而言，的确可以说是革命性的。一是，在当年的自由王城、如今的法国北部的城市梅斯（Metz），约翰·古腾堡（Johann Gutenberg）改进了印刷技术，采用了活字印刷术。二是，1453年，东正教的中心君士坦丁堡被穆斯林占领。

君士坦丁堡陷落的一个结果就是，基督教

《收割者》（The Harvesters），老勃鲁盖尔（Pieter Bruegel the Elder），1565年

老勃鲁盖尔画技成熟之时，恰逢人文主义最为流行之际。他所刻画的玛利亚·巴龙切利（Maria Baroncelli）虽然还有宗教的隐喻，但坐者的肖像还是有力地表现了动人的细节，传达出了面部表情背后的某种思想。老勃鲁盖尔对农民生活的再现，与宗教崇拜无关。他如实地表现日常生活情景，而不限于富有的赞助人的生活。《收割者》如同现场直播，表现了低地国家农民生活之艰辛。麦田用深黄色来表现，使得观画者都能感受到天气之炎热，我们也能看出，劳动者是多么困倦，不得不午休片刻。面部表情和弯腰的动作，足以表明这田间劳作是多么枯燥乏味。这幅画也表明了老勃鲁盖尔是多么喜欢乡间风光。他向我们展示了世俗世界的人性。画家并没有和教会分道扬镳，他仍然接宗教类作品的订单，而且和荷尔拜因一样，他也创作了一些充满了象征和"隐含"意义的作品。但正是在老勃鲁盖尔那里，艺术才彻底转向了世俗。

的僧侣、学者从那里逃出,带走了西欧人从未见过的珍稀古籍和手稿。除了早期基督教写本,这笔学术财富还包括古典时期的希腊文本,于是修道院图书馆保存的古代文献数量大大增加,引发了各国学者的浓厚兴趣。他们以通信的方式讨论这些新发现的文献,但更重要的是,由于古腾堡的新发明,他们可以复制这些文本,在上面做批注,从而使其广为传播。短短数年里,志在用全新的视角来看待世界的先锋学者团体出现了。

哲学上的转变,始于意大利的乔瓦尼·皮科·德拉·米兰多拉(Giovanni Pico della Mirandola)和马尔西利奥·费奇诺(Marsilio Ficino)。就实质而言,二人都认为,神赐的古典神学(或曰"旧教")是后来一切纷繁歧义的宗教和哲学的源头。就此而言,他们的学说可以说仍是柏拉图学说的后期的经典发展,即后来历史学家所称的"新柏拉图主义",但他们也糅进了犹太教和伊斯兰教的元素。他们通过融合旧学说以求新知(科学),最重要的是看重人的智力,因此,从19世纪以来,他们的学说就被贴上了"人文主义"的标签。

这样一来,新时代的哲学家就与正统的天主教教义发生了冲突。后者宣称,所有的知识都来自神圣的天启,只能按基督教的《圣经》去解释,在长达一个世纪的时间里,又由教堂里的大神学家——"神父"增饰润色,其背后是教皇的支持。中世纪大学里的这种神学教义体系就是众所周知的"经院哲学"。到15世纪,这种经院哲学已成为一门少数人钻研的、内容受控的、烦琐的方法论。1215年,教皇英诺森三世宣称:"信仰的秘密,不应在所有场合向所有人解释……这是神圣的经典,不要说白丁,就是饱学之士,也难窥其堂奥。"

换句话说,《圣经》是神圣知识的唯一来源,教会是理解《圣经》的唯一指导者,而能把教会所讲解的内容教给其他人的,只能是那些通过了学术淬砺之人。对于上了大学的大多数年轻人来说,这就意味着学习时只需死记硬背对《圣经》的"正确的"解释即可,这个"正解"就是12世纪法国的彼得·郎巴德(Peter Lombard)的里程碑式的《圣经》解释作品《箴言四书》(*The Four Books of Sentences*)。

这并不意味着中世纪的教会就不会产生具原创性的、独立思考的思想者。在那些致力于探求获取知识的新方法的学者中,影响最大的是托马斯·阿奎那(Thomas Aquinas)。他深入研究了亚里士多德的著作,写下了一系列著作(其中最著名的是《神学大全》)。阿奎那运用这位古希腊哲学家提倡的方法,加以逻辑证明,以此来证明教会的教义。他证实,由于一切都来自上帝,所以,天启和理性就不应是冲突的。譬如,

▲ 阿尔布雷特·丢勒的《圣约翰启示录10:披着太阳和七头龙的女人》

他就曾经用五种论证方法证明了上帝的存在。

《神学大全》（*Summa Theologica*）和《箴言四书》已成为官方教会教学的知识宝盒，绝对可靠，看上去无懈可击。不过，颇为讽刺的是，当人文主义学者利用最新得到的资料，运用逻辑来研究基督教的信仰时，这个知识宝盒却并非无懈可击。

自4世纪开始，教会的基本文本都是圣杰罗姆（St Jerome）的拉丁文译本的《圣经》，即武加大译本，这是拉丁文的通行本。1516年，荷兰学者德西德里乌斯·伊拉斯谟（Desiderius Erasmus）出版了他的《新约圣经》的新拉丁文译本《新约总释》（*Novum Instrumentum omne*），这是根据当时所能见到的最古老的希腊文文本翻译的。某些正统的人物对此的反应是震惊和恐惧。伊拉斯谟译本的存在，无疑是在暗示通行本（武加大本）并非完美无瑕，这让他们难以接受。不宁唯是。伊拉斯谟不认可圣杰罗姆所

▲ 凡·艾克的《最后的审判》

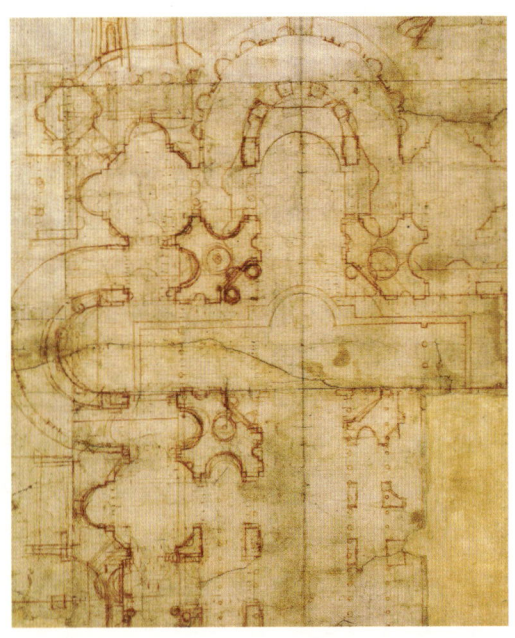
▲ 布拉曼特（Bramante）为重建的圣彼得大教堂所设计的计划图

▼ 布拉曼特为圣彼得大教堂一楼设计的图案

教会统治集团遭到了人文主义者塞巴斯蒂安·布兰特的无情嘲讽。

翻译的"赎罪"（do penance）一词，他将其改为"忏悔"（repent），这样就把责任从宗教礼仪转到信仰者个人那里，是个人与上帝之间的关系。但伊拉斯谟走得更远。他认为，《圣经》应被译为各国之方言："要让农民在犁地的时候就能哼唱《圣经》的选曲，织工在织布机上就能吟唱圣经歌曲。"

由于文盲普遍，普通人不可能对教会发起重大的挑战，但印刷书籍的出现不仅使学习更为便利，也促成了大众的教育需求。印刷机甚至对占人口大多数的文盲都产生了影响，因为对普通人来说，杜勒等人的木刻版画可以很容易就买到了，而且价格便宜。图画，特别是讽刺性的图画，胜过千言万语。没过多久，就连《圣经》本身都被译为现代语言版的了。教会对信众头脑的禁锢渐渐松弛了。

假如教皇的统治还没有动摇，那么上述所有的进步还不至于产生如此大的影响。腐败堕落的亚历山大六世和骄奢淫逸的利奥十世让教皇的权威大打折扣。在人文主义者塞巴斯蒂安·布兰特（Sebastian Brant）的小说《愚人船》（Ship of Fools）和伊拉斯谟的小说《愚人颂》（In Praise of Folly）中，教会统治集团遭到了无情的嘲讽。

教会已成为众矢之的，幽默讽刺在动摇着它的权威，此外，它又深陷学理上的论争。教会的回应就是坚决维护它自古以来的权威。费奇诺（Ficino）、米兰多拉（Mirandola）和伊拉斯谟的著作都曾被列为禁书，负责"纠错"的教会机构——宗教裁判所——露出了更加狰狞的面目。随着16世纪的逝去，不仅桀骜不驯的新教徒被投进监狱乃至被处决，就连虔诚正直的学者也不能幸免。但用不了多久，百态丕变。

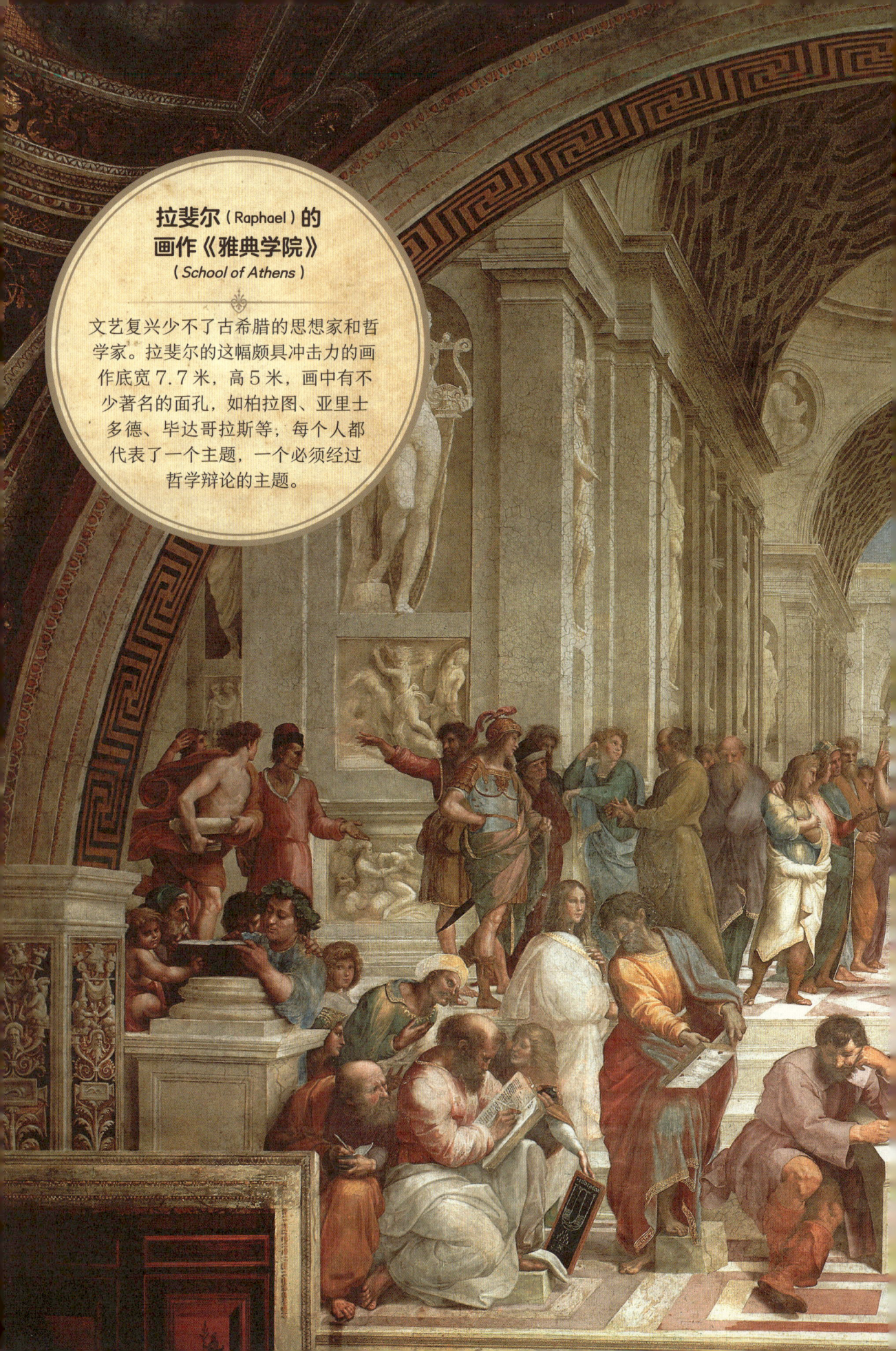

拉斐尔（Raphael）的画作《雅典学院》
(*School of Athens*)

文艺复兴少不了古希腊的思想家和哲学家。拉斐尔的这幅颇具冲击力的画作底宽7.7米，高5米，画中有不少著名的面孔，如柏拉图、亚里士多德、毕达哥拉斯等；每个人都代表了一个主题，一个必须经过哲学辩论的主题。

勇于求知

主导了当时思想世界的文化和哲学运动,是如何撼动欧洲的?

埃米·贝斯特(Amy Best)

14世纪在佛罗伦萨出现了创造力勃兴的现象,这就是文艺复兴。紧跟文艺复兴而来的,是现代世界与过去的世界分道扬镳。人们不再以上帝和罗马教廷的权威为依归,而是转向了人文主义的方法。到17世纪,文艺复兴的思想传遍了整个欧洲,在那些信奉理性的学者中间,艺术和科学高歌猛进。文艺复兴使得教会的教学和思维方式黯然失色,随着教会逐渐淡出视野,中世纪与现代终于不再是泾渭分明,于是出现了全新的知识领域。

在文艺复兴中,哥白尼、开普勒和伽利略等杰出人物展示了科学研究和发现的力量。在他们的科学发现公布之前,很多思想家仍沿用自古以来的思维方式,包括托勒密和亚里士多德的地心说,认为地球才是宇宙之中心。1543年,哥白尼提出了一个理论,即我们已知的所有行星并不是围着地球转,而是绕着太阳转。后来,伽利略支持这个理论,但也为此付出了代价。在那个科学与宗教关系紧张的年代里,这样的理论被判为"异端",传播这种"谎言"的异端分子会受到处罚,那就是被投进监狱,甚至被处死。伽利略就因他的天文观察结果及支持日心说而被教会开除教籍,遭终身监禁。

尽管教会试图对新一代的逻辑学家和唯理论者施展淫威,但关于宇宙运行的更多的新解释出现了,包括教会在内,人们无论如何都不能对此视而不见。正是有了这些伟大的发现,建立在理性基础上的全新的哲学才会出现。

在真相之争中,教会长期坚守的信条已败给了唯理论者和科学家。这一点可由17世纪大部分时间里风行欧洲的新方法看出来。文艺复兴的时代过去了,一个崭新的时代到来了,这就是"理性时代"。

17世纪和18世纪是剧烈变动的时代,是有

▲ 笛卡尔被誉为现代哲学第一人

▲ 那个时代首次出现了日心说

强烈求知欲的时代。和自由、宽容、进步的理念一样，科学的方法、还原论、对教会理想的质疑也得到了提倡。求知、正确理解已知的信息，可由伊曼纽尔·康德在《答复这个问题："什么是启蒙运动？"》一文中引用的那句"勇于求知"（Sapere aude）一言以蔽之。伟大人物的责任和目标是发现真相，而要想发现真相，只能建基于知识之上。

我们现在所知道的第一批"现代"哲学家，包括勒内·笛卡尔、托马斯·霍布斯、弗朗西斯·培根，重新建立了科学、数学与哲学之间的联系，这种传统可追溯到前苏格拉底时期的古希腊。此外，还有布莱兹·帕斯卡尔（Blaise Pascal）、莱布尼茨（Gottfried Wihelm Leibniz）等，他们都认为我们可以通过理智的推理来获取知识。

培根被认为是遵循英国经验主义思维方式的第一人，也是为其他科学家在全新的领域开展新的实验确立了最好的方法的少数几个人之一。他认为，我们所获得的所有知识和信息都是来自自然过程和可感知的经验，科学家的职责就是祛弊以求知。培根还创立了探索世界的初步准则。培根的观点是，科学发现的目的应是实际应用。

笛卡尔从培根的著作那里得到了启发，但又与培根不同。笛卡尔更感兴趣的是，如何得到更多的新知识以理解我们周遭的世界。笛卡尔想要祛除长期以来的充满怀疑论的科学世界。他要解决的问题是：即使是从怀疑论的立场出发，知识是如何产生的？会产生什么样的知识？在《第一哲学沉思录》（Meditations on First Philosophy）一书里，笛卡尔一再思索的是认识论和形而上学的问题，他对"我能知道什么"这个问题提出了质疑。在笛卡尔看来，唯一的答案就是，知识只能来自理性。这个至关重要的理念，主导了下一个世纪的思想舞台和信念舞台。

然而，在18世纪的欧洲，人们对一切充满了好奇，一切都不确定，这样的天启当然不会像福音书那样被人轻易接受。18世纪是启蒙的时代。所有的新理论都要被质疑，被诘问，被攻击，被解剖，直到几无疑义。当然，在18世纪的思想交锋的场域，还没有哪个理论能屹立不倒。

英国哲学家约翰·洛克（John Locke）在《人类理解论》（An Essay Concerning Human Understanding）一书中反对笛卡尔新确立的哲学的基本结构。洛克坚信，我们无法通过理性得到知识，却可以通过经验来获得知识。"没有哪个人的知识能超出经验之外。"如果我们能把这个原则合理化，就能发现大量新思想和新原则，从而有助于理解存在。正是洛克带来的希望，我们才最终得以设置一些条件，将研究范围限定在我们能够认知的范围内。这种观念就是后来大家并不陌生的经验主义，带有彼时英国哲学的特征。

尽管笛卡尔和洛克对如何获取知识的方法（其背后是理性）的观点迥然不同，但这两种理念都有一个重要的共同点，那就是人的本性。正是人的经验或理性，才有可能获得知识。

在整个18世纪和19世纪，赞同这两种方法的哲学家们也开始提出一个疑问：我们怎样才能知道我们知道些什么？对这一问题的追问，引发他们探寻人性本身这个问题。随着高举各种旗帜的参赛者越来越多，普通人在忙着选战队，思想领域的比赛场地迅速扩张。然而，如同所有的哲学或信仰体系一样，每个思想的构件都有其自身的道德、政治和社会的含义，对此的评估现在成了知识加工的一部分。

随着社会的变化，18世纪欧洲的君主和贵

勒内·笛卡尔
现代西方哲学之父

笛卡尔出生于法国图尔（Tours），母亲是让娜·布罗沙尔（Jeanne Brochard），父亲若阿基博（Joachim）是雷恩（Rennes）的布列塔尼（Brittany）最高法院的法官。笛卡尔从小就有强烈的求知欲。在"三十年战争"中，他选择了参军入伍，为法兰西而战，而入伍前的大部分时间都用了研究数学上。在此期间，他意识到自己真正感兴趣的领域是哲学。在军中服役四年后，笛卡尔搬到巴黎，然后搬到了荷兰，并在那里度过了余生。1649年，他应瑞典女王克里斯蒂娜（Christina）之邀，组织了一个全新的科学学会。此时的笛卡尔已被认为是欧洲大陆最有影响力的哲学家和科学家。1650年2月1日，笛卡尔染上了肺炎，十天后溘然长逝。历史学家对笛卡尔真正的死因仍有争议，有历史学家甚至认为他是被暗杀的。

▲ 1834年后开始出现的笛卡尔的版画像

▲ 教会关押、杀死了许多宣扬与教会的教义相反的人士

族也不由得担心起他们的地位来。欧洲大陆上的教会曾经何其赫赫强势，如今已大不如昔，上层阶级担心的是，同样的反抗也会轮到他们身上。如果他们失去了目标，那么谁会代替他们在社会中的位置？但问题是，不仅仅是精英阶层在面对大调整。整个欧洲的政治制度向他们新敞开了一扇门，这是一扇通往创造现代自由民主、思想更为进步之门。在应对政治和社会问题时，保守僵化的方式将受到挑战，与支持包容、公正的理想的应对方式不可以道里计。

"理性时代"是场涉及全欧洲数百万人思想的运动。它促使很多人牢固树立了文艺复兴和"科学革命"所初步确立的原则，用开放的头脑和求知的心灵走进新世界。它影响了生活的方方面面，并把我们推到了下一个世纪，一个对世界有前所未有的理解的世纪。哲学、数学、科学、政治学、经济学、医学获得了大发展，错误得到全面纠正，理论获得了验证。我们如今所掌握的知识，大部分都根源于启蒙运动，毫无疑问，这场运动真正引起了世界范围内的变化。

> **尽管笛卡尔和洛克的方法迥然不同，但这两种理念都有一个重要的共同点，那就是人的本性。**

约翰·洛克
自由主义之父

洛克出生于英格兰萨默塞特郡（Samerset）的清教徒家庭，从小就有求知欲。在父亲的司令官、国会议员亚历山大·波帕姆（Alexander Popham）的资助下，洛克被送至伦敦就读西敏中学（Westminster School），接着前往牛津大学基督教堂学院（Christ Church）就读。在大学期间，他对勒内·笛卡尔和罗伯特·波义耳（Robert Boyle）的著作颇感兴趣，萌发了对哲学和如何认识真理这个问题的兴趣。

在朋友理查德·洛厄（Richard Lower）的帮助下，洛克转而学习实验哲学和医学。尽管他的著作是极为重要的英国经验主义代表作，但让他青史留名的仍是政治学方面的著作。洛克在其政治学著作中提出了关于政府合法性的社会契约论和私有财产天然权利原则。他的余生是在政治流放中度过的，被迫离开了英国。但他最后还是回到了英国，住在埃塞克斯（Essex），直到1704年去世。

▲ 洛克认为，政府对公民负有责任

那些影响了启蒙运动的哲人

在进入"理性时代"之前,已有哲人以其进步性、革命性的思想,使启蒙运动得以发轫。

弗朗西斯·培根

(1561—1626),英国

弗朗西斯·培根出生于伦敦的一个并不显赫的家庭。他大大推动了人类对自然界的理解能力,后来成了科学方法之父。他早年曾担任过律师,也参与了政治活动,后来成为英国的国务活动家,在社会上颇有影响。由于他关注的是人类之善,所以后来转向了哲学的研究,并对五种感官的推理解释的可靠性提出了质疑。1620年,培根指出,外界环境会影响到健康。培根最终放弃了五种感官方法,提出了用实验的方法来揭示不同条件下的种种缺陷,评估了各种缺陷的真实原因。最终,规范的科学方法诞生了。

▲ 培根是提出规范的科学研究方法的第一人

勒内·笛卡尔
（1596—1650），法国

笛卡尔于1596年出生于法国，家里有三个兄弟姐妹，母亲在他出生后没多久就溘然长逝，所以笛卡尔始终不知道自己母亲的模样。笛卡尔被认为是"现代哲学之父"，因1637年写下"我思故我在"而为世人永远铭记。这句话在今天看来并不显得具有时代象征那样高度的深刻性，但在那个用上帝的教条来束缚人的哲学的时代里，这句话确实推进了对"何者为真、何者为伪"这个人类终其一生都在思考的问题的研究。笛卡尔一生的大部分时间都不在法国，而在法国北面的荷兰共和国。他是真正的思想家，据说他每天都会花上好几个小时静坐，在静谧中思考生命现象的机械论问题。

▲ 现代哲学之父笛卡尔对实在性提出了质疑

▲ 霍布斯评估了领导权的作用，对各种王权的神圣性说辞进行了批判

托马斯·霍布斯
（1588—1679），英国

霍布斯是乡村牧师之子，但终其一生，他无时不在挣脱教会，转而为政权服务。霍布斯是世人敬畏的政治哲学家，他通过对社会契约理论的概念条分缕析，批判了王权的神圣性。在1642年开始的英国内战撕裂了整个英国之后，他的革命性思想形成了，并对主权的角色进行了批判。在躲避公众起义期间，霍布斯探讨了人类秩序和政府权力问题，为的是避免出现内战中随处可见的冲突和不安全感，他把这种状态称为"自然状态"。

巴鲁赫·斯宾诺莎
（1632—1677），丹麦

斯宾诺莎出生在荷兰阿姆斯特丹的一个传统的犹太家庭。他一开始从事的是宗教信仰方面的教学，后来转向对上帝观念的研究，见诸1677年出版的《伦理学》（*Ethics*）一书。斯宾诺莎提出，上帝只是一个伟大的旁观者，不是唯一的实体，而是自然本身的一部分。每个人都可以通过各种科学知识来理解上帝。不过，直到斯宾诺莎去世，《伦理学》的书稿仍躺在他床边的抽屉里。

▲ 斯宾诺莎挑战了关于上帝的看法和宗教机构

伽利略·伽利雷
（1564—1642），意大利

伽利略的第一份工作是数学研究，他于1589年成为比萨大学的一名教授。在得知第一个望远镜出现后，伽利略就转向了天文学的研究，建构起自己的天文学体系。在公布了若干项天文学发现之后，他开始了关于惯性和落体运动定律的研究。他的研究结论让教会难堪，因此被教会判为异端，禁止他从事教学研究活动。他在软禁中度过余生。在软禁期间，他写下最后一部著作——《关于两门新科学的对话》（Discourses Concerning Two New Sciences）。

▲ 伽利略·伽利雷因天体研究而受到宗教迫害

尼可罗·马基雅维利
（1469—1527），意大利

马基雅维利的第一个职业是担任佛罗伦萨执政委员会秘书。但由于当时政治动荡，他转向了政治哲学评论。马基雅维利在他的不少著作里都谈到了政治权力的本质和掌权者的人格特征，他把掌权者应该拥有的颇有争议的性格称为政治德行。

尼可罗·马基雅维利

马基雅维利曾经写道："由于爱和恐惧不可得兼，所以如果让我们在二者中做出选择，那么，选择恐惧远比被爱更为安全。"

▲ 尼可罗·马基雅维利曾经写道："由于爱和恐惧不可得兼，所以如果让我们在二者中做出选择，那么，选择恐惧远比被爱更为安全。"

弗朗西斯科·苏亚雷斯

随着时间的流逝，苏亚雷斯的著作散佚不少。他最有代表性的著作是出版于1597年的《形而上学的争论》（Metaphysical Disputations），影响极为深远。

弗朗西斯科·苏亚雷斯
（1548—1617），西班牙

少年的苏亚雷斯（Francisco Suárez）看上去不够聪慧，人们多半不会认为他将成为了不起的哲学家。苏亚雷斯要解决的是存在的基本结构，他深入探讨了存在和知识的实质以及形而上学的问题。晚年的苏亚雷斯已是极有影响力的哲学家、声名卓著的神学家，西班牙国王菲利普二世派他到科英布拉（Coimbra）的大学教书，他在那里度过了余生。

雨果·格劳秀斯

（1583—1645），荷兰

格劳秀斯出生于荷兰共和国的一个与上层社会有密切联系的家庭，这对他日后的律师生涯和哲学研究帮助很大。格劳秀斯是"现代国际法之父"，他在著作里提出了自然法原则下的和平和正义的效力问题。作为律师，格劳秀斯在其影响深远的《战争与和平法》（The Rights of War and Peace）一书中，为国际法准则和海洋法准则奠定了基础。

▲ 格劳秀斯制定了事关国际正义的原则

▲ 布鲁诺为他所坚持的宇宙观付出了生命的代价

乔尔丹诺·布鲁诺

（1548—1600），意大利

布鲁诺为人类探索宇宙知识而献出了生命。当时人们普遍认为地球是宇宙的中心，宇宙是有限的，但布鲁诺对这种看法提出了质疑。作为天文学家和哲学家，布鲁诺的研究及其无限宇宙的理论激怒了教会。为了躲避迫害，他在欧洲各地流亡，以便继续他的研究。应威尼斯贵族的邀请，布鲁诺回到了意大利。因他不愿意收回其公然挑战教会的观点，最终被教皇克莱芒八世判处死刑，被烧死在火柱下。

> 我思故我在。
> ——勒内·笛卡尔

尼古拉·哥白尼

（1473—1543），波兰

哥白尼出生在商人家庭，因提出一种全新的理论而成为革命性的人物，这个理论就是：太阳系的中心不是地球而是太阳，这就是后来所称的日心说。哥白尼的这一理论鼓舞了伽利略等那个时代的伟大人物，也鼓舞了像牛顿这样开启启蒙运动时代的人物。

▶ 哥白尼的日心说直到今天仍有意义

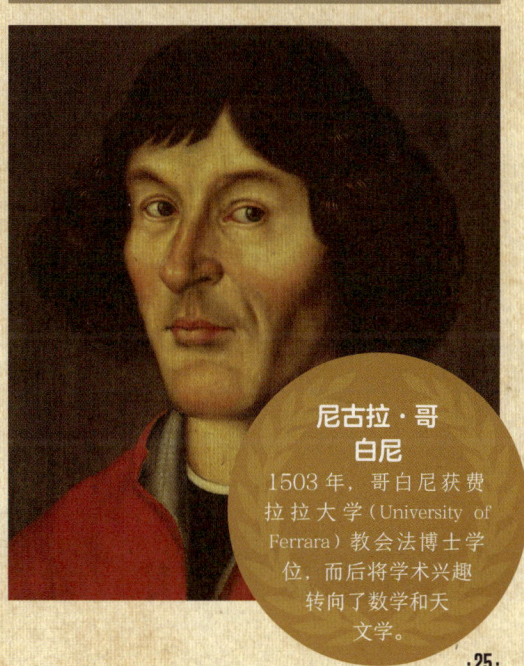

尼古拉·哥白尼

1503年，哥白尼获费拉拉大学（University of Ferrara）教会法博士学位，而后将学术兴趣转向了数学和天文学。

英国及欧洲

29	理念之争	86	如何发现行星
34	苏格兰的启蒙运动	90	俄国的启蒙运动
44	英国的启蒙运动	94	德国的启蒙运动
54	玛丽·沃斯通克拉夫特	99	伏尔泰与启蒙运动
60	爱尔兰的启蒙运动	110	法国大革命
64	受到启蒙运动影响的君主	116	意大利的重生
72	艾萨克·牛顿	120	哈斯卡拉运动
76	理性时代的科学		

▲ 着教士服的爱尔兰克洛因地区主教乔治·贝克莱的画像

理念之争

在启蒙运动早期，英国和西欧其他国家在哲学上出现了争论。

爱德华多·艾伯特（Edoardo Albert）

欧洲的理性主义反对英国的经验主义就像是一场想象中的学术之旅，但这确实涉及了某个非常简单的问题：思想和经验，谁才是第一位的？由于文化的和政治的原因，经验主义者都源于英国，他们认为，我们已知的所有的知识，都是我们通过感觉、在经验的基础上形成的：如果我们不首先看到、听到、感觉到、触摸到、嗅到，那么，它就是不存在的。理性主义者则都是欧洲大陆的哲学家，他们认为，知识源于理性，也就是说，我们可以通过思考的方式来获得真理。

经验主义者视人类为白板，只有感觉经验才能在白板上烙下印记。理性主义者虽然也承认感觉经验的重要性，但却认为某些观念已经存在于我们的头脑中，也就是说，我们仅需要知道那是正确的就可以了。毕竟，按照理性主义者的说法，如果所有的一切都是我们收到的来自外部世界的印象，那么，胶片就可以根据所照的照片类型来形成思想了。

欧洲第一个也是最重要的理性主义者是勒内·笛卡尔，他动摇了世界的知识基础，不经意间破坏了他出生时的那个世界的哲学基础。笛卡尔出生的时候，正赶上这个世界要平息宗教改革运动所引起的灾难性混乱。当时的宗教改革运动把中世纪的基督教世界一分为二。然后，在16世纪和17世纪的宗教战争中，血淋淋的事实一再证明，人类连在生死这个最重要的问题上都无法达成一致意见。在这样的世界里，笛卡尔要做的就是为确定的知识找到一个所有人都同意的、坚实的基础。"我认为，就哲学而言，尽管几百年来，我们受到的都是最好的思想的教育，但仍缺乏无争议的基点，因而是可疑的。"要知道，笛卡尔还是杰出的数学家，他从数学中发现了达成一致意见的可能性，那就是：每个数学家都遵从欧几里得定理的步骤，然后看结论是否正确。那

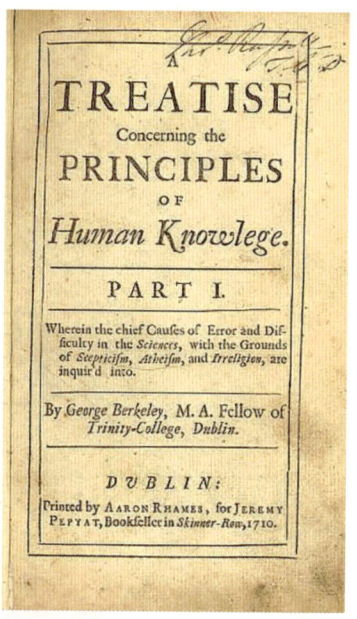

▲ 贝克莱的著作《人类知识原理》（*A Treatise Concerning the Principles of Human Knowledge*）内页

◀ 巴鲁赫·斯宾诺莎生活节俭，可以说是过着苦行僧般的生活。人人都说他温和友善，这幅肖像很好地传达了这一点

么，同样的确定性能否应用到哲学上？哲学的基本材料是从感觉而来的，而感觉是有欺骗性的。不妨想一下海市蜃楼。我们感觉那是可以喝的水，但实际上那只是沙子。

不仅如此，我们又是怎样知道所有的一切都是真实的？大部分人都会有这样的经历：梦境太过逼真，以至于我们都无法确定自己究竟是在做梦还是醒着的。笛卡尔认为，仅凭感觉无法确定我们所经历着的周遭世界到底是不是真实的。笛卡尔认为，祛除幻境、确立确定性的唯一方法就是："假设有个魔鬼，它在想尽一切办法欺骗我……但在我头脑中，'我的存在'这个事实是确定的。"在此基础上，他提出了著名的"我思故我在"的命题，尽管作为哲学命题，其更为复杂：笛卡尔断言，如果连自己的存在都要怀疑，

那么人的真实性也在遭受着怀疑——如果没有了怀疑者，那怀疑本身也就无法存在。笛卡尔发现了怀疑过程中存在的确定性，于是在此基础上建立了他的理性主义观点，包括上帝的存在、基本逻辑前提的先验知识。

但约翰·洛克对此的回答是：这正是笛卡尔搞错的地方。并没有什么先验知识。我们出生时就像一块白板。我们所知道的一切，都是感觉经验以及我们对这些经验的反应的结果。在人的头脑中，并没有什么事先存在的东西。洛克由此构建起他的经验主义的基础。由于18世纪的经验主义的倡导者都是英国人，于是就有了人们所熟知的英国经验主义。

洛克和伟大的理性主义哲学家斯宾诺莎同庚。他们都是在宗教战争刚结束没多久出生的

("三十年战争"以1648年的《威斯特伐利亚和约》而终结,英国内战结束于1651年)。斯宾诺莎是犹太人,住在阿姆斯特丹,由于不肯放弃他的哲学观点,他被开除教籍,被迫搬离犹太人居住区,此后过着漂泊不定的生活,靠磨镜片维生,同时也与欧陆的思想家保持通信联系。他的形而上学是理性主义的,与洛克的思想迥然不同,但二人的伦理学思想却极为相近。斯宾诺莎的形而上学还影响了笛卡尔的思想。现在再回头看17世纪上半叶席卷欧洲的思想大战,就会发现,交战双方都赞成政治宽容和宗教宽容的原则。

约翰·洛克的著作从很多角度看,都可视为新科学的哲学表达。经由牛顿的运动定律和重力定律,新科学可认识上帝。但洛克否定了除数字之外的任何实体性存在,例如,"红色"仅仅是对外部刺激的主观回应,自身没有任何意义,这样一来,洛克把宇宙视为巨大时钟的机械结构,没有生命,没有光,没有意义。对于宇宙不过是个巨大的时钟装置的观点,爱尔兰牧师、后成为克洛因(Cloyne)地区主教的乔治·贝克莱(即人们所熟知的贝克莱主教)表示了不屑。更重要的是,洛克在此种观点基础上形成的公理,犹被入室操戈,恰恰削弱了这种观点。因为洛克知道,我们头脑中所形成的关于外部世界的观念有可能是被误导的:外部的物质世界和经验世界及观念世界有可能是分离的。但贝克莱提出了一个问题:拿什么来证明我们头脑中的观念就是外部世界的真实呈现?简洁明了的答案就是:我们的观念、我们的经验都不可能完全真实无妄地

微积分之争

莱布尼茨和牛顿陷入了并不光彩的微积分发明者之争。

在科学史上,荣耀永远属于第一个发明者。微积分是现代数学重要的工具之一,莱布尼茨和牛顿各自独立发现了微积分,但在到底是谁最先发现微积分这个问题上,还是出现了争论,这并不奇怪,而让人感到不解的是,二人在争论中都使用了并不光彩的手段。

1711年,争论全面爆发,牛顿任会长的英国皇家学会就谁才是微积分的第一个发现者这个问题公布了调查结果,断然宣称牛顿才是创立者,莱布尼茨是欺世盗名者。但调查报告还是露馅了:结论是牛顿本人写的,报告的公正性自然是打了折扣。在莱布尼茨这边,他并没有诸如修改书信和笔记中的数据的问题,这对宣称自己是微积分创立者是有利的。

现在我们认为,他二人各自独立发明了微积分,尽管莱布尼茨版的微积分符号已成为今天的标准版本。通过对争论的回顾,我们看到,为了"第一人"的荣耀,历史上两个最有学问的人不惜祭出谎言、遁词、诽谤等手段,贬低竞争者,思想之战场因这两个人而分为了两大阵营,这点或许会带给我们一些有益的思考。

▲ 在机械计算器领域,莱布尼茨也拥有多项发明

呈现出这个世界。我们所确切知道的，只能是我们的观念、我们的经验。物质的东西并不存在。所存在的只能是观念；我们的存在，犹如上帝头脑中的观念；正在思考整个宇宙的上帝创造了观念。

这种观点的确有冲击力，远远地走在了当时的科学的前面——当时的科学认为，宇宙是由许多在预定的圆圈里飞行的小球组成的。贝克莱的思想更契合今天的量子物理学，就像薛定谔的猫（Schrödinger's cat）这样的思想实验所表明的，可能性只有在被感知时，才会变成现实。贝克莱的思想中更令人称奇的是，他是一个经验主义者：他并不认为离开了感觉，人的头脑就能够认识事物。

▲ 着异国风格的服饰而非常服的大卫·休谟的画像

但贝克莱提出了一个问题：拿什么来证明我们头脑中的观念就是外部世界的真实呈现？

但在这场争论中（背后是哲学之争），戈特弗里德·威廉·莱布尼茨支持理性主义者。莱布尼茨兴趣广泛，其数学和逻辑学方面的著作均有颠覆性的影响。但莱布尼茨认为，宇宙是理性的，是可以为人们所理解的，他的研究即以此为基础，形成了他的著名的原则：不管表面看起来怎么样，我们所在的世界毕竟是所有可能的世界里最好的。18世纪法国知识界的领袖伏尔泰在《老实人》（Candide）一书中极尽嘲讽之能事，250年后的今天读来，也仍会感觉其书的妙趣横生。但在这个问题上（以及其他方面的问题），看来是莱布尼茨笑到了最后，因为物理学家所要研究的宇宙，是一个与生命和谐相处的宇宙。

英国最后一个，也是最彻底的经验主义者是大卫·休谟。洛克和贝克莱认为，人的头脑中并不存在先验的观念，苏格兰人休谟也同意这一点，但他进而认为，就连引起感知（即心理经验）的原因也是不可知的。他是彻底的怀疑论者，就连看到一朵花，他都会说，如果我们离花而去，我们都不知道它是否还继续存在。确实，我们所认为是真实的东西，仅仅是因为它们是和事件联系在一起，比如，我们看到了太阳每天升起，就会认为明天太阳也会照常升起，但这并不意味着事实必定如此。虽然看起来休谟好像是主张我们不要做任何事情，但实际上，他认为，我们每天还是得做事情。"对于生活中发生的所有事情，我们都要保留我们的怀疑精神。但这并不妨碍我们饮食、下棋。"

笛卡尔的火炉

睡在火炉里，光怪陆离入梦来。

1619年11月10日晚，23岁的勒内·笛卡尔作为巴伐利亚公爵的军队的一名士兵（尽管他是法国人）驻扎在多瑙河的诺伊堡（Neuborg）。其时奇冷，而笛卡尔比较瘦小怕冷，为驱寒保暖，他想来想去，决定睡在火炉里。后来的研究者对是不是真的火炉是有疑问的，他们认为，笛卡尔的意思是，他睡在了一个由火炉烘暖的房间里。毕竟，对一个成年人来说，不可能有那么多的火炉让他舒适地享受。但接下来，笛卡尔就说出了他真正想表达的东西。因为在寒冷的、与世隔绝的空间里，他一连做了三个对其日后的思想有重大影响的梦。在这些梦里，笛卡尔认为是上帝给了他启示，让他一窥解析几何学（即今天我们仍在用的笛卡尔坐标系）之奥秘，还向他展示了所有真实的事物都是相互联系的这一点。他发现，由一个确定无疑的真实事物，就可以发现所有的真实事物。没过多久，笛卡尔就以这些幻觉为基础，构建了他的哲学方法论，即"我思，故我在"的确定性。至于火炉的重要性，笛卡尔根据对柏拉图理论的认知，他是把火炉视为"洞穴之喻"的现代版——柏拉图正是由洞穴之喻而形成了永久的真知识。

▲ 荷兰肖像画大师弗朗斯·哈尔斯（Frans Hals）创作的1648年的笛卡尔画像，很好地表现了笛卡尔思想的冷静和统一

苏格兰的启蒙运动

和经济学、农业领域一样，在很多领域，
苏格兰对新思想持欢迎态度，虽然它不如欧洲大陆耀眼，
但仍产生了广泛的影响。

琼·伍勒顿（June Woolerton）

伏尔泰曾经这样概括苏格兰的启蒙运动的巨大影响：它不仅是苏格兰的，也是世界的。这位法国哲学家自信地写道："我们所有关于文明的想法，都在苏格兰。"在18世纪，苏格兰的思想家、艺术家、科学家都在挑战现有的观念，都在致力于革新，这些革新的影响是全球性的，甚至引发了数千英里外的社会变革，流风余韵达数世纪之久。

苏格兰启蒙运动的重要性是始料不及的。18世纪初，经济萧条，政治动荡，国内并不安定，1707年，苏格兰与英格兰合并，苏格兰失去了独立性：独立的苏格兰议会被解散，独立的王国亦不复存在。但这也正值理智主义兴起之时，而正是理智主义使得苏格兰在启蒙时代独领风骚。

1707年合并的结果是，伦敦成了政治中心。为了权力争夺，贵族和上层阶级逐渐南迁，这样一来，反而为中产阶级（其中律师、知识分子、医学专家占了多数）的兴起扫除了障碍。苏格兰人口只有100万，主要集中在爱丁堡和格拉斯哥（Glasgow），主导该国数十年之久的贵族一旦消失了，他们身后的人就开始走上了前台。

18世纪的苏格兰，各个领域的新思想、新发明的井喷，也得益于此前建立的教育体系。17世纪，苏格兰部分地区——特别是低地地区和主要的大城市——的教区学校遍地开花，这使得苏格兰的教育水平远超出欧洲其他地区。苏格兰有四所大学，而英格兰仅有两所，在18世纪上半叶，苏格兰即以富有和教育日益普及而闻名。

经济的发展提供了一个稳定的环境，使得知识界人士能够谋求更多的财富。银行越来越多，农业改良也取得了一定成就。但只有在那些与世界上重要地区（有些是殖民地）有国际贸易往来的城市，才能感受到经济利益带来的好处，这一

▼ 大卫·休谟被认为是欧洲最伟大的启蒙运动思想家之一

格拉斯哥的"烟草勋爵"

烟草大王们给他们的家乡带来了数不尽的财富，但他们的赚钱方式却是有争议的。

烟草大王们赚了数百万的财富，其中的一部分被投到艺术和教育领域，从而促使苏格兰成为启蒙运动中一颗耀眼的明星。但那个时代有一位最著名的思想家却不屑于成为"烟草勋爵"中的一员。

亚当·斯密批判那些"烟草勋爵"，称他们自私自利，认为他们的贸易对社会有害。当然，斯密还不了解烟草对健康的影响。斯密关注的是，给18世纪的格拉斯哥带来巨大财富的贸易商把利润置于绝对优先的地位。

1707年《联合法案》生效后，英美的贸易航线也对苏格兰开放，"烟草勋爵"们充分利用了这个机会，赚得盆满钵满。40年后，法国授予格拉斯哥以专营地位，位在法国所有的烟草进口商之上。1750年，整个欧洲近一半的烟草进口都要经过格拉斯哥地区。

但他们所买的烟草是由种植园的奴隶种出来的，而这些奴隶中，有一部分是航行于美洲和欧洲之间的苏格兰商船在停靠非洲时虏获的。靠着这些财富，烟草勋爵们过起了贵族的生活，斯密的问题是：他们所获得的财富的背后，到底隐藏了多少苦难？

▲ 格拉斯哥大街鳞次栉比的烟草货栈，给当地带来前所未有的财富

▲ 爱丁堡大学是思想、辩论、理智主义的温床，引发了苏格兰的启蒙运动

点在格拉斯哥表现得格外明显。苏格兰的经济无疑起到了助推作用，作为启蒙运动温床的苏格兰声名日著，新思想传到了海外，那些鼓动变革的人对此心有戚戚。

这些新思想之所以能够渗透到苏格兰社会的各个角落，部分原因是，辩论蔚然成风。除了爱丁堡、阿伯丁、格拉斯哥、圣安德鲁斯的大学，数量日益增多的图书馆和沙龙也是辩论的重要场所，而且在整个18世纪，图书馆、沙龙也日益流行。除了经常光顾爱丁堡老城区的酒馆，当时思想界的领袖还可以出入作为知识分子辩论之地的俱乐部，而这种俱乐部也越来越多。第一家俱乐部叫简斋（Easy Club）。1712年，印刷商托马斯·拉迪曼（Thomas Ruddiman）创立了这个俱乐部，其时拉迪曼在阿伯丁大学上学，当时他本人已有多部著作出版。爱丁堡的聚会场所还有"上流社会"俱乐部（Select Society），其成员一开始只有15名创始人，一年内即增至83名，后来发展为著名的扑克俱乐部（Poker Club），可以说已将苏格兰启蒙运动的重要思想家网罗无遗。

1762年扑克俱乐部成立时，爱丁堡已成为欧洲启蒙运动的大本营之一。斯摩莱特（Tobias Smollett）将苏格兰首府爱丁堡形容为"天才的摇篮"和"北方的雅典"，吸引了苏格兰境内一流的思想家。爱丁堡的艺术和建筑风格也反映了启蒙运动所带来的变化。从18世纪50年代开始，一幢幢新建筑如雨后春笋般拔地而起，反映了城市的地位，用曾监督城市建设的乔治·德拉蒙德（George Drummond）的话说就是，"用惠及全体民众的公共建筑来装扮城市"。爱丁堡注意充分利用本地的人才，来为城市建设贡献智慧。建筑师罗伯特·亚当（Robert Adam）因其设计而成名，数年后即名扬西欧。

亚当设计的建筑以及爱丁堡市新出现的其他建筑设计都引发了辩论，实际上反映了背后的理性主义和经验主义思想之争，这两种观念主导了当时的苏格兰知识界。在那些用新风格建造新房子的建筑师中，有一位是当时最著名的思想家和经验主义者，他就是大卫·休谟，他经常在爱丁堡的新房子里举行宴会，吸引了当时的一些优秀的知识界人士，而他本人的经历也表明：跨越国境的思想交流的确很重要，因为这促成了启蒙运动的发生。

休谟于1711年出生于贝里克郡（Berwickshire）宁威尔区（Ninewells），第一份工作是从商职员，被派到法国。从法国回来时，年方28岁的休谟出版了18世纪最著名、最有影响的著作——《人性论》（A Treatise of Human Nature）。休谟宣称，是情感而不是理性支配了所有的人类行为，激情比理性的思索更重要。

休谟喜欢哲学和政治学，他向世人表明，

思想家的死与启蒙运动

对苏格兰启蒙运动时期最著名的思想家的临终访谈，在思想家死后却引发了轩然大波。

苏格兰启蒙运动中最著名的思想家大卫·休谟不信任何宗教，这一点世人皆知，这也多次给他带来麻烦，但他不为所动。在他弥留之际，在他出生和生活了很长时间的爱丁堡市，还有很多人怀疑他会不会改变立场。这其中就有著名作家詹姆斯·鲍斯韦尔，他如此急切地想听到休谟亲自确认他是否相信死后有来生，以至于一定要在休谟易箦之际一探究竟。

鲍斯韦尔失望而归。一生平和的休谟，至此仍和以前一样安详平静，仍一如既往地坚信：没有上帝；人死后，也没有另一个世界。他告诉鲍斯韦尔，如果他发现有人笃信宗教，他的第一反应就是：那是一群不诚实的人。他还说，"最荒诞不经的"就是认为有人会长生不死。

鲍斯韦尔对此心烦意乱，于是他想从塞缪尔·约翰逊那里得到慰藉。但与亚当·斯密和休谟的临终通信所引发的争论相比，鲍斯韦尔探访休谟所引发的危机就显得黯淡无光了。斯密后来写道，临终的休谟仍睿智端庄。这引发了骚动，很多人攻击休谟，认为他支持不信教者。即使在苏格兰启蒙运动的美丽新世界里，有些正统的信仰仍牢不可破。

▲ 詹姆斯·鲍斯韦尔想从临终之际的大卫·休谟那里得到最终的确切消息，但休谟的答复让他震惊不已

▲ 新泽西州普林斯顿大学的校长府邸，苏格兰建国之父约翰·威瑟斯庞曾在此居住

◀ 古典学者托马斯·拉迪曼帮助建立了名为"简斋"的俱乐部，这里是爱丁堡最早用于辩论的场所之一

他本人是怀疑论者，对传统的信念和正统的信仰不屑一顾。他把道德视为人的情感与理性之间的关系。1748年，他出版的《论神迹》（Of Miracles）一书，对《圣经》里的故事提出了质疑，他认为所有的奇迹都可以用某种科学进行解释，而经验，是我们唯一可以确定的事情。

休谟的影响很大，就连欧洲大陆最著名的启蒙运动思想家的书中都能看到休谟的影响，伊曼纽尔·康德就宣称，是休谟激起了他的研究兴趣。不过，虽然休谟本人的影响很大，但他也会花时间去倾听其他著名哲学家的意见并和他们辩论。爱丁堡的晚宴上的客人中就有亚当·斯密，他的思想影响至今。

亚当·斯密于1723年出生于柯科迪（Kirkcaldy），后来在格拉斯哥大学学习，1751年至1764年在格拉斯哥大学主讲道德哲学。他对很多领域的问题感兴趣，其中的一个问题就是：金钱如何改变社会。1776年，他出版了最著名的作品《国富论》（An Inquiry into the Nature and Causes of the Wealth of Nations），被视为现代经济学研究的第一部专著。这部著作探讨的就是18世纪的经济变化对社会的影响。斯密探讨的是自由贸易的增长会塑造出什么样的社会，以及自由贸易的增长给人们带来的权利和物质生活方面的变化。

由于苏格兰商人的海外贸易活动日益频繁，斯密对商业和国际贸易产生了兴趣，于是他也研究起了政治学。他把美国视为财富之源，他认

休谟宣称，是情感而不是理性支配了所有的人类行为，激情比理性的思索更重要。

▲ 作为苏格兰启蒙运动的杰出代表,休谟和斯密的雕像被收藏于苏格兰国立肖像馆

▲ 詹姆斯·麦克弗森热衷于方言诗的创作，影响很大

为，独立战争的结束，可给英国带来经济利益。他本人继续参加和谈，这也侧面说明他已成为有影响力的人物。斯密的思想是自由市场经济的基础，小威廉·皮特（William Pitt the Younger）接受了他的思想。

苏格兰启蒙运动中的一流科学家也提出了不少有突破性的思想。斯密的格拉斯哥大学同事、解剖学和化学教授约瑟夫·布莱克（Joseph Black）以其开创性的研究成果而闻名，这其中就包括镁的发现。1726年，亚历山大·门罗（Alexander Monro）创立了爱丁堡大学医学院，并迅速成为18世纪一流的医学教学机构，执教席者有著名的医生、医学研究者同时也是布莱克的朋友的威廉·卡伦（William Cullen）。

苏格兰启蒙运动中，地质学也取得了不俗的成就。詹姆斯·赫顿（James Hutton）是地质学的创立者和领路人。当时的说法是，通过对《圣经》记载的事件的推算，就可以追溯到地球的起源，这种说法已流行了数十年。赫顿根据他对岩层的研究，不认可这种说法。赫顿曾在贝克里郡西卡角（Siccar Point）观察，在那里发现了叠在一起的火山沉积岩，于是他提出一个假设：我们所在的地球太老了，老到我们不知道它是哪天出生的。当时著名的数学家约翰·普莱费尔（John Playfair）在1802年出版的、影响甚巨的专著中，公布了赫顿的发现，赫顿的学说逐渐为更多的人所知。

赫顿认为，科学，而不是维系了数世纪的传统，才是信仰之基。然而，不是所有的苏格兰启蒙运动思想家都拒绝宗教。苏格兰的教会牧师休·布莱尔（Hugh Blair）成了那个时代著名的文学家。在他最著名的作品《布道书》（Sermons）中，他强调日常生活中基督教道德的重要性。但他也支持全新的作品，尤为推毂詹姆斯·麦克弗森（James Macpherson）的奥西恩（Ossian）组诗，而麦克弗森又影响了包括歌德在内的启蒙运动的其他大师。

还有几位文学家让苏格兰的语言和民间诗歌流行开来。罗伯特·弗格森（Robert Fergusson）曾在圣安德鲁斯上学，在苏格兰启蒙运动高潮时来到了爱丁堡，用英语和苏格兰盖尔语（Scots Gaelic）出版他的作品，对彭斯（Robert Burns）影响很大。方言文学的兴起，始于艾伦·拉姆齐（Allan Ramsay），他不仅写诗、创作戏剧，更是以建立不列颠最早的巡回图书馆——把那些思想和哲学落实到纸面上，由另一位杰出的作家来完成——而闻名，巡回图书馆可把新的理念传播给更多人，这是启蒙运动思想家的共同目标。詹姆斯·鲍斯韦尔（James Boswell）以游记和日记写作最为知名，也是苏格兰启蒙运动的杰出人物塞缪尔·约翰逊（Samuel Johnson）的传记作者，由此了解塞缪尔观点的人前所未有地多了起来。

▲ 乔治·德拉蒙德监督爱丁堡大部分城区的重建工作

在当时欧洲所有的运动中，苏格兰启蒙运动的影响是最广泛的。

苏格兰的启蒙运动已经溢出国境，拥有了世界范围的影响。有一些杰出人物是直接在国外提出了他们的理念。俄国彼得大帝对亨利·法夸尔森（Henry Farquharson）的数学才能钦慕不已，遂将后者邀至莫斯科，给本国介绍新的思维方式。建筑师查尔斯·卡梅伦（Charles Cameron）被另一位俄国统治者叶卡捷琳娜大帝聘走，他最伟大的作品中就有沙皇村的皇宫。

苏格兰启蒙运动的思想还漂洋过海，传至美洲大陆。1742年，美国建国之父詹姆斯·威尔逊（James Wilson）出生于圣安德鲁斯附近。威尔逊曾在圣安德鲁斯、格拉斯哥、爱丁堡的大学学习，受业于休谟、斯密和弗朗西斯·哈奇森（Francis Hutcheson）。大学毕业后，他带着各种全新的思想于1765年来到费城。另一位建国之父约翰·威瑟斯庞（John Witherspoon）也曾在爱丁堡学习。在爱丁堡时，威瑟斯庞反对哈奇森的观点，直到1766年威瑟斯庞去了美洲。休谟、斯密等人全新的思想也影响了包括托马斯·潘恩（Thomas Paine）在内的其他建

▲ 沙皇村外形之美,应归功于苏格兰建筑师查尔斯·卡梅伦

▲ 通过对西卡角岩石的观察,詹姆斯·赫顿得出的结论是:地球比我们所认为的要"老"得多

新《不列颠百科全书》的诞生地

出于分享知识的目的,苏格兰启蒙运动启动了最雄心勃勃的工程。

英国所有图书馆都收藏的《不列颠百科全书》,在苏格兰启蒙运动中最早出现在爱丁堡。最新版的《不列颠百科全书》已涨至三万多页,是18世纪风行于苏格兰的新思维方式的产物。

《不列颠百科全书》(Encyclopaedia Britannica)的出现,是受到了法国狄德罗(Denis Diderot)主编、让·达朗贝尔(Jean d'Alembert)主笔、始于1751年的《百科全书》(L'Encyclopedie)的鼓舞。1768年至1771年,英国版百科全书在印刷商科林·麦克法夸尔(Colin Macfarquhar)和安德鲁·贝尔(Andrew Bell)的董理下完成。主编威廉·斯梅利(William Smellie)监审其中的词条,100个星期后三卷本出版。

《不列颠百科全书》又名《文理词典》(A Dictionary of Arts and Sciences, Compiled upon a New Plan),内中条目涉及的主题极广,用斯梅利的话说就是,既要有用,又要具备教育功能。该书出版后大受欢迎,很快就推出了增订版。1777年出版了第二版,这一版把历史学的条目和有关名人的条目加进去了。在启蒙运动行将结束之时,第三版在紧锣密鼓地准备中,1788年至1797年出版的这一版最终扩充为18卷本。

《不列颠百科全书》已成为全世界最著名的工具书,实现了启蒙运动的另一个目标,即与尽可能多的人分享知识,使他们能形成自己的思想。

▲ 迄今所见到的在爱丁堡最早出版的《不列颠百科全书》封面

之父。《联合法案》(The Act of Union)的实施,使得很多贵族离开了苏格兰,中产阶级得以壮大,同时也使得英格兰的商船航线向苏格兰商人开放,使后者得以开辟新的商业业务。贸易赚来的钱又被用于资助教育,而教育又孕育出大量的新思想。新航线的出现,也使得体现在18世纪苏格兰生活方方面面的全新思想扩大了受众面。

在当时欧洲所有的运动中,苏格兰启蒙运动的影响是最广泛的。这是激情与活力的迸发,仿佛从天而降,但苏格兰的启蒙运动又是平和克制的,不管是国内还是国外,均从中受益。

英国的启蒙运动

在启蒙运动的早期,英国与西欧其他国家在哲学上是冲突的。

德里克·威尔逊

我们这里所说的"启蒙运动"是狭义的,指的是19世纪中期的英国的启蒙运动,并不是广义上的启蒙运动。《牛津英语词典》把"启蒙运动"解释为"18世纪自恃肤浅自负的理智主义、蔑视传统和权威的法国哲学家及其同道的精神和目标"。那些自认为是启蒙运动的继承者的现代思想家,很可能会认为这是一个话里有话的恭维,因为他们只认理性,拒绝所有宗教的、政治的、哲学的信条。但300年前英国高级知识分子并不是这样看自己的。

许多历史学家质疑"英国的启蒙运动"这个词是否合适。这并不是因为1660年查理二世复辟的那个世纪及下一个世纪里,英国没有产生天才的、有原创性的、足以挑战先入之见的思想家。"英国启蒙运动"当然是当得的。不过,这个启蒙运动的结果的确没有产生一个足以与法国百科全书学派相颉颃的、一眼就可以辨认出的哲学"学派"。思想家们对政治、伦理、宗教问题给出的答案五花八门,纷纭芜乱。例如,他们宣称"信仰的时代"已为"理性的时代"取代,这样看问题,未免过于简单化了,没有任何价值。要知道,正是卫理宗(Methodism)的创立者约翰·卫斯理(John Wesley)坚信:"放弃理性,就是放弃宗教……宗教和理性是并肩前行者。"那个时代的一些牧师依靠煽情的演讲术来增强效果,卫斯理对此是坚决反对的,正如他坚

为了更好地理解英国重要的思想运动,有必要把思想运动与那个时代的重要历史事件联系起来。

▲ 贺加斯通过诸如《杜松子酒巷》等画作批判英国社会

人民的哲学家？

约翰逊博士差点成了艰深晦涩的哲学家。他的传记作者詹姆斯·鲍斯韦尔曾记下了这位诗人对1776年休谟之死的反应。

"我曾提到，……大卫·休谟直到临终，都不改他的立场，这让我震惊不已。约翰逊问：'你为什么感到震惊，先生？休谟承认自己从未认真读过《圣经新约》。因此，他也就没有探究宗教真理所带来的痛苦了。不要以为即将到来的死亡，会改变他的思考方式。'

"贝克莱认为，物质只有通过我们的感知才能存在，约翰逊并不同意这种观点。鲍斯韦尔评论道：'尽管我们确信贝克莱的观点是不对的，但却无法反驳……'约翰逊回答这个问题时，用脚使劲地踢了一下大石头：'我是这样驳斥的。'

"我们很容易排除杂念，陷入对艰深问题的冥思之中。或许我们需要约翰逊来帮我们记住那个真实的世界，那是伟大的思想家辈出的时代。理性时代同时也是农村人口减少的时代。它还是第一次工业大都市的时代，奴隶贸易的时代，帝国扩张的时代，失去了美洲殖民地的时代，奥斯德立兹（Austerlitz）、特拉法尔加（Trafalgar）、滑铁卢战场厮杀的时代。"

▲ 塞缪尔·约翰逊博士是词典编纂者、作家

决反对那个时代的道德堕落、无神论和正在兴起的自然神论。

为了更好地理解英国重要的思想运动，有必要把思想运动与那个时代的重要历史事件联系起来。查理二世的复辟，意味着开始了对清教的严厉压制政策，社会环境为之一变，享乐主义（至少是较高层次的享乐主义）虽然开始流行，但压制仍在。"骑士议会"（Cavalier Parliament）罢黜了近700名神职人员，关闭了大学及面向所有"异议人士"的重要公共机构，1662年的《贵格会法案》（Quaker Act）实际上是威胁将公谊会所有成员驱逐出境。但同时，查理二世也是伦敦皇家自然知识促进学会的赞助人。一方面鼓励哲学探索，另一方面则是压制非正统的宗教信仰，这种同时存在的现象对人类社会的影响，并没有引起当时一流思想家的注意。这就意味着，宗教不仅不可忽视，而且必须将其置于哲学探索的中心位置。约翰·雷德伍德（John Redwood）指出，当有人在写"地球的气候、原因、结构，天堂的构成，政治社会的本质，教会的组织方式，社会道德或伦理时，他是在根据定义书写上帝"。为18世纪英国哲学家们导夫先路的两位思想家是约翰·洛克和艾萨克·牛顿。

约翰·洛克1689年写就的《人类理解论》在1727年至1760年共出版了九版。在书中，洛克提出了"我们是如何知道一切"这个问题，而这个问题又引发了洛克对"我们为什么想知道"这个更为根本的问题的追问。答案就是，人为万物之灵，是按照上帝的形象而造的。人有灵魂。和其他生物一样，人类也要掌握经验。但与其他生物不一样的是，人类有理性，因而具备对经验进行思考的能力。《圣经》不出理性范围。

洛克认为，写在纸上的上帝的天启，就像巧夺天工的手工艺品，人只要去经历、去评估，就

▲ 在一幅漫画里，法国大革命的同情者的幽灵时常出没于柏克的周围

能理解天启。因而，每个人都能自由地阅读基督教的经文文本，从中形成自己的观点。由此，洛克得出结论：教会不应强行规定教义，政教应当分离。由于此种观点，1688年，当议会邀请奥兰治亲王威廉以继詹姆斯二世之位时，他坚定地支持"光荣革命"，因为詹姆斯二世想要向英国臣民强制推行天主教。

在目睹了由宗教纷争引起的君权神授、共和主义、议会统治轮番上演后，洛克在《政府论》中提出了与后来的卢梭有所不同的社会契约的理论。权力应当是自下而上的，而非自上而下的。权力应当属于人民，政府——无论什么类型的政府——只有在能提供财产保护、为人民谋福利时才具有道德上的正当性。

艾萨克·牛顿爵士在多个领域均有突出的成就，令人叹为观止，在科学史上足以比肩阿尔伯特·爱因斯坦。牛顿的科学探索范围包括光学、天文学、数学（他发明了微积分）、几何学、炼金术以及神学。他是启蒙运动中真正的骄子，因为他对一切都充满了好奇。他曾沉迷于炼金术，直到数年后发现那是条死胡同。他遭到思想保守者的强烈反对，他既拒斥天主教教义，也反对无神论。17世纪80年代，在路易十四和詹姆斯二世开始迫害新教徒时，牛顿开始介入政治。

洛克认为，牛顿对《圣经》的理解，无人能出其右。牛顿不接受三位一体的教条。他仔细研究了《圣经》预言的基督第二次降临这个问题，得出的结论是：这件事不可能发生在"2060年之前"。在《自然哲学的数学原理》（*Philosophiae Naturalis Principia Mathematica*）这部书中，牛顿利用《圣经》和大自然提出了他关于造物者的理论，这与自然神论者的观点正相反。自然神论者认为，上帝就是一个钟表匠，他给宇宙以第一推动力之后，就任由这个钟表装置自行运转而不干预。牛顿展示了重要的"证据":自然在不断变化。如果上帝是一个不在场的造物者,那么,宇宙就不会产生新的事物,但我们的感觉告诉我们,宇宙在不断变化。"一切事物在位置和时间上发生的变化,只可能出自一个真的必然存在的理念和意志。"

约翰·卫斯理是牛顿的坚定崇拜者。他继承了其祖父卫斯理神父的独立精神——他祖父是被"骑士议会"罢黜的不服从的神职人员,从他父亲塞缪尔·卫斯理(Samuel Wesley)神父那里继承了求知的思想。塞缪尔是林肯郡的教区牧师,也是"致力于相互仁爱、提升人文科学和古典教育的绅士会"的成员。这是仿照皇家学会成立的地区性辩论学会,经常邀请当时最杰出的科学家、哲学家和艺术家演讲。

约翰的精神之旅,是想要找到一种值得全身心投入的宗教。他所寻求的信仰并不是建立在教义或唯情论的基础上,而是建立在经验的基础之上的。和洛克一样,约翰也认为,真理是不证自明的,因为真理"一直在起作用"。他把这个原则用到了一种新的医疗方法——电疗法上。针对用于改善身体状况和精神状态的休克疗法的应用问题,他进行了细致的研究,坚信这种颇为流行但又充满争议的疗法是有效果的,他的研究发现集中体现在他的《古老的治疗方法:或治疗大多数疾病的一种简单自然的方法》(*Primitive Physick: or an Easy and Natural Method of Curing Most Diseases*)一书中。他用自己的医疗设备为成千上万的人治疗,这些人当中,大部分人是看不起病的。卫斯理行万里路的布道之旅为世人所熟知,他不仅关注听众的精神健康,也关心听众的身体健康。

在英国的哲学家中,没有一个是彻底的无神论者。在喜欢思考的英国人中间,苏格兰的大卫·休谟和欧洲大陆的赫曼·雷马洛斯

▲ 艾萨克·牛顿是英国启蒙运动时期的哲学家、科学家

(Hermann Reimarus)都各自拥有支持者。这些英国人坚信,对上帝的信仰并不需要理性的基础,但注释者中没有人对基督教不敬。这一点,在爱德华·吉本(Edward Gibbon)1776年至1788年陆续出版的六卷本《罗马帝国衰亡史》(*History of the Decline and Fall of the Roman Empire*)中体现得再清楚不过。吉本的主题就是教会"取代了此前的伟大文化,但只破不立"。尽管他对基督教的遗产的态度是"贬低",但这并不意味着他拒斥基督教信仰。吉本对教会的愤怒态度,也是他那个时代很多人的心声。

贺加斯(William Hogarth)用讽刺画表达

对社会的不满,这些讽刺画包括《杜松子酒巷》(*Gin Lane*,揭露了廉价酒的后果)、《滑稽的选举》(*The Humours of an Election*,反映的是政治腐败)、《浪子生涯》(*The Rake's Progress*,反映的是享乐主义)。但批判力度最大的还是卫斯理及18世纪30年代以来横扫英美、持续了半个世纪之久的福音派复兴运动的其他领导人。

卫斯理和乔治·怀特菲尔德(George Whitefield)等传道者不仅猛烈抨击这个国家的道德败坏、政治腐败和某些哲学家遁入的自然神论,也毫不留情地批判教士的颟顸无能和一事无成。他们是"务实的基督徒",他们相信,改造社会的最佳途径就是对人的改造。他们领导了反对奴隶贸易的运动,支持监狱改革和减贫,他们之所以不遗余力地做这些事情,就是要"为基督赢得灵魂"。大多数历史学家都认为,宗教复兴运动在重塑国民人格方面的贡献,要超过政治领导人和知识界的领袖。

但在实际中,那个时代大多数英国哲学家的特质是:相信实用主义,相信"常识"而不信高深的猜想。而在欧洲大陆特别是法国,卢梭的激进主义是引发政治革命的主要思想流派之一。在教权、政权双重统治之下的国家里,世俗的统治集团和宗教的统治集团相互勾结,以维护他们的权力。先进的思想家认为,这种国家的政治大厦及这座大厦的思想基础,都是不稳定的。如果要建立一个致力于理性主义和人权的新的架构,那么首先就要彻底清理大厦的基址。当法国的革

◀ 柏克是著名的思想家、政治家

▼ 爱德华·吉本最著名的作品就是讲罗马帝国衰亡的史著。下图是美国建国之父乔治·华盛顿所收藏并签名的《罗马帝国衰亡史》复印件

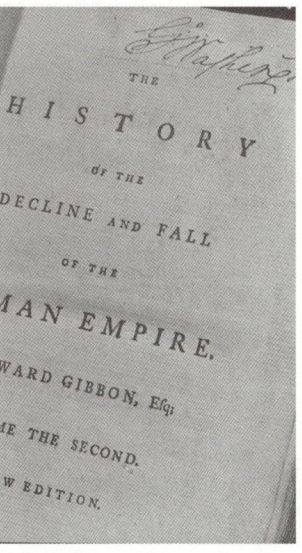

▲ 约翰·卫斯理，卫理宗的创立者之一

命者拆除了旧制度时，英国的理性主义者也在注视着这一切，为这一切欢呼雀跃。华兹华斯（William Wordsworth）后来是这样回忆当时的兴奋之情的：

能活在那个黎明，已是
幸福，若再加年轻，简直就是
天堂！啊，那是个经历着浪漫
传奇的国家，在那个时代，习俗、法律、
规章中那些乏味的、陈腐的、
苛刻的条条框框立即引起

人们的注意！那时，似乎越理性
越热衷扮演头号的女巫……

只有在法国大革命出现血流遍地的后果时，诗人们的态度才来了个一百八十度的转弯。在英国，预见法国将如决堤之水并发出极有说服力的警告的是政治哲学家、议员柏克（Edmund Burke）。在《法国革命论》（Reflections on the Revolution in France）一书中，柏克将暴力行为（自由从理论上的概念上升到暴力行为）与重塑宪法秩序、使之发挥作用的严肃的活动进行了对比。柏克认为，英国自从《大宪章》生效后，经过基于神圣的法律和传统的辩论、折中及偶尔的冲突，最终形成了英国的政治制度。他称法国的革命者为"书生"，认为他们缺乏"国务活动的历练"。他们

把经验贬低为目不识丁者的才智，至于其他东西，他们已经在地下埋好了地雷，准备把一切旧习、先例、章程和议会法案在壮观的轰然声响中炸个粉碎。他们拥有"人权"！他们认为对人权不能有任何限定，任何反面的辩论都是无效的；他们认为人权的要求不容任何让步和妥协，任何有损人权要求充分实现的东西都是十足的狡诈和不义。他们认为任何政府，不管其历史多么悠久，也不管其管理得多么合乎正义、多么仁慈，只要与他们的这些人权不合，就别想安稳！

诚然，在上一个世纪，英国也处死了一位国王，废黜了另一位国王，但英国保留了古老的法令和立法机构。英国也有国教，但他们小心谨慎地把它朝宗教宽容的方向上引导。柏克认为，国家治理也应是一门科学。他认为，和所有科学一样，国家治理也应由具备一定的知识和经历的人在谨慎而有耐心的实验中完善。

单在抽象的层次讨论人对食物和医疗的权利有什么用?问题是如何取得食物和医治。

我们需要的是农夫和医生,而不是教授。

并非所有的英国启蒙运动哲学家都对政府的实际运转情况感兴趣或偏离经验分析的主流。例如,贝克莱就把很多精力放在如何定义物质、如何推论出上帝的存在这样的问题上。这位后来升为爱尔兰克洛因地区主教的牧师想要与自然神论者和无神论者当面辩论,后者认为物质是永恒的,物质并不依靠上帝而存在。

贝克莱的反驳意见的哲学基础是"存在就是被感知"。我们知道某个物体之所以存在,是因为我们能意识到它们的存在。但这是否意味着:如果我们没有意识到它们,它们就不存在?贝克莱的回答是:"不是的,因为别人会意识到它们的。"只有一个存在物能意识到所有的物体,现在如此,过去如此,将来亦如此。贝克莱提出了上帝存在的另一个证据。200年后,贝克莱的证据成为两首五行打油诗的主题,诗的作者是20世纪的作家、神学家罗纳德·诺克斯(Ronald Knox)。

有一位年轻人曾说过:
"如果上帝发现树
还在那里,
而庭院中却空无一人,
他一定觉得这一切太诡异了。"

先生,我来解惑你的惊诧:
我一直在庭院中。
这就是为什么树
还会在那里,
因为上帝一直在看着。

黑色幽默

只有讽刺画才能达到的效果,
以及讽刺画所能达到的唯一效果,
贺加斯做到了。

18世纪的英国,社会问题很多。哲学家、布道者、政治活动家都提出了理解和解决这些问题的各种方案。而讽刺画家则只能以最为极端的方式关注这些问题。贺加斯的油画和版画无情地揭露了那个时代的病态社会。就连理性的改良主义者和对贫穷、腐败、道德败坏义愤填膺、有信仰的人,贺加斯也予以了无情的嘲讽。在他生命的尽头,他还创作了名为《轻信、迷信、狂热》(Credulity, Superstition and Fanaticism)的两个版本的版画。这幅画的内容是一个教堂的内部,福音派牧师乔治·怀特菲尔德正在向一名会众展示宗教的狂迷状态和道德上的罪过。这幅画还可以根据讽刺对象(包括天主教士、神秘学学者、伪善的说教者)的需要冠以其他标题。在这幅画的上方,有一个吊灯,极像绝望的人脸。这并不是理性主义者对这个破碎的世界的回应。他的画作表现的是物质主义和反物质主义所暴露出来的令人恐惧的绝望。这样做也引发了另外一些问题。

▲ 自画像:贺加斯与哈巴狗

牛顿和威廉·布莱克

这幅启蒙运动时期的诗人、画家威廉·布莱克所绘的油画,表明了他本人对变化中的科学实质的看法。画中的艾萨克·牛顿正全神贯注于他的研究,完全无视身后丰富多彩的、充满了创造力的世界。人们认为,从这个侧面的角度可以看到锐角、直线,这说明,牛顿看不到圆规量尺之外的世界。

玛丽·沃斯通克拉夫特

有人认为,她是女权主义思想先驱,
但她的成就一直被流言蜚语与悲剧的一生所掩盖。

艾丽斯·弗朗西斯(Alicea Francis)

"就让我的过错在地下伴着我好了!用不了多久,很快,我就要故去。当你收到这封信时,我那炽热的头颅已经冰冷……我将纵身一跃,跳入泰晤士河,在那里,谁也别想把我从死神那里拽回……"

这是玛丽·沃斯通克拉夫特(Mary Wollstonecraft)于1795年的一个雨夜里留下的遗书。这是她第二次企图自杀,就在数月前,她第一次自杀未遂,当时她服用了她认为足以"致命"的剂量的麻醉剂,但实际上她服用的量还是太少了,不足以致命。这一次,她先是在泰晤士河边走了半小时,等雨水浸透了裙子,身体变重再跳入河中。但两名路过的船夫把她从河里拉了上来,后来,她是这样写的:她"被极不人道地拉回世间,承受人世间的痛苦"。那么,是什么样的深重痛苦让这位声名卓著的作家竟要走上绝路?

打孩提时代起,痛苦就和玛丽如影随形。她于1759年4月27日出生在伦敦的斯毕塔菲尔德(Spitalfields),父亲是爱德华,母亲是伊丽莎白。她曾祖父经营的丝绸纺织业颇有声色,因此,她出生时家境尚称殷实。但爱德华并不像他父亲那样有敏锐的商业头脑,而是甘于当一名农场主贵族,但就连这个也未能遂愿,家产逐渐被掏空。雪上加霜的是,爱德华还酗酒,玛丽经常睡在父母卧室外的地板上,以避开她父亲半夜盛怒发作。

玛丽受的教育不多,只上了几年学,而她的哥哥却接受了绅士教育,从而为将来从事律师职业做准备,这对玛丽来说极不公平。"这就是偏见的杀伤力:同样的行为,在他身上就是精神与智慧,在我身上就成了冒失鲁莽。"正是早年在父权制下的生活经历,使得这位女权主义哲学家日后声名遐迩。

▼ 玛丽·沃斯通克拉夫特1797年画像,她于该年去世

废墟中的遗产

直到19世纪末20世纪初,玛丽·沃斯通克拉夫特才得到应有的承认。

对于妻子的死,葛德文感到备受打击,他写道:"至此我再没感到过快乐。"为了让世人记住玛丽,1798年他出版了《〈女权辩护〉作者的传记》(Memoirs of the Author of a Vindication of the Rights of Woman)。尽管他认为在书中他把妻子塑造为一个有爱心、有同情心的人,但传记仍忠实地再现了她的一生,包括她的风流韵事、对性爱的追求、自杀的企图等。

该书的出版,撕碎了玛丽的声望,反雅各宾者骂她是"淫荡的妓女""穿衬裙的鬣狗"。还有不怀好意的评论是这样写的:"她指出了女性的命运和妇女易患的疾病,因而她死时是因在两性差异方面的研究而为人们所知。"

这种反响的后果就是,近百年来,女权主义者不愿意提及玛丽的著作,尽管人们普遍认为她影响了简·奥斯汀(Jane Austen)、勃朗宁夫人(Elizabeth Barrett Browning)、艾略特(George Eliot)。直到主张妇女也有选举权的领袖福西特夫人(Millicent Fawcett)在《女权辩护》一百周年纪念版时写了导言,对玛丽的污名化现象才最终得以消除。

玛丽从她的密友范妮·布拉德（Fanny Blood）那里寻求安慰。她们相互陪伴了一段时间后，由于玛丽憎恶男权制，1784年，玛丽和范妮在纽因顿格林（Newington Green）建了一所女校。玛丽对女性教育问题很上心，在她看来，正是由于女性没有受过学校教育，才使得女性的知识水平显得不如男性。她痛恨如下的看法：关于女孩的养育，就是要教育她们如何让男性满意，其中美貌是最重要的美德。她写道："女性从小就受到这样的教育：美貌才是女子的权杖，学习知识是为了让身体更为优雅，在镀金笼子里漫步，只为装饰这座监狱。"她的这些观点集中体现在她的第一部著作《女教论》（Thoughts on the Education of Daughters）中。

1785年，范妮嫁人了，为了疗养慢性病，范妮夫妇搬到了里斯本。在范妮病危时，玛丽成了她的护士，但她还是于1786年去世。玛丽感觉天要塌下来了。玛丽停办了女校，全身心投入写作中，她的第一部小说《玛丽：一部小说》（Mary: A Fiction）就是以她们的友谊为原型创作的。

回到伦敦后，经人介绍，玛丽结识了自由出版人约瑟夫·约翰森（Joseph Johnson），后者同意出版她的《女教论》。此书的出版，玛丽挣得10英镑，她为此感到很自豪。除了继续自己的写作计划，玛丽还成了约翰森的编辑助理，负责审查图书，把法文版和德文版的作品译为英文——她曾自学了这两门语言。1788年，他们出版了《玛丽：一部小说》及她的第一部童书《来自真实生活的原创故事》（Original Stories from Real Life）。

此时的欧洲，巨变正蓄势待发。18世纪是理性和人权的时代，其后果就是翌年的法国大革命。玛丽赞赏法国所发生的一切，称法国大革命是"提升美德、增进福祉的千载难逢的机会"。

玛丽与女权主义

玛丽曾隐晦而不是明确地主张男女平等，这使得她很难被列为真正的现代女权主义者。

可以说，玛丽最伟大的作品就是《女权辩护》，被认为是已出版的最早的女权主义哲学著作。玛丽在书中主张，妇女应享有和男子一样的基本权利，认为她们对于国家来说都是必不可少的，因为是妇女在教育子女。她承认，在她那个时代，人们对许多妇女的印象就是幼稚肤浅，但她认为，之所以会有这样的印象，并不是妇女天生智力低下，而是因为未受到应有的教育。

但玛丽从未说过男女平等："这并不是说我要颠覆事物的顺序；我的看法是，从身体结构看，上帝在设计的时候，的确赋予男性以更多的优势。我谈的是整个性别问题；但不妨大方地承认，男女天生就有优势上的差异。如果优势只有一个不变的标准，那男子和妇女会怎么样呢？因此，合乎逻辑的推论就是，男女殊途同归，那就是归于上帝。"

▲ 1792年出版的《女权辩护》，很快销售一空

▲ 威廉·葛德文是当时最激进的哲学家。1797年，他与玛丽结婚

1790年，辉格党议员柏克出版了《法国革命论》，对法国大革命进行了严厉的批判，玛丽用了一个月的时间写了名为《人权辩护》（The Vindication of the Rights of Man）的反驳意见。这本小册子的出版轰动一时，1792年又出版了《女权辩护》（A Vindication of the Rights of Woman），主张妇女也应享有和男子一样的权利。这部书需求量太大了，格拉斯哥的一位读者写道："这里的人们竞相追捧（《女权辩护》），往往迫不及待地一气读完。"

在玛丽看来，法国大革命是伟大的历史转折点，因此在1792年11月，她决定来一次巴黎之行，亲自参与到革命洪流中。在巴黎的外国人居住地，她受到了欢迎，在温和的吉伦特派里表

▲ 玛丽和威廉生的女儿雪莱夫人，名字也叫玛丽，创作了小说《弗兰肯斯坦》

现活跃。她还和美国探险家吉尔伯特·伊姆利（Gilbert Imlay）激情燃烧，共赴云雨。但她对法国大革命的热情没过多久就消退了。她写道，"当我看到路易国王端坐在通往刑场的马车车厢里时仍不失尊严"，在国王被处决的那一刻，"眼泪再也抑制不住，夺眶而出"。

1793年2月，法国向英国等其他国家宣战，禁止外国人离开法国。她的吉伦特派朋友中有不少被送上了断头台，监刑者是激进的雅各宾派，而玛丽因其英国人的身份及其与吉伦特派的交往，也受到了怀疑。为了保护玛丽，吉尔伯特向美国驻巴黎的大使馆谎称他们已结婚，因而她自动地成为了美国公民，他们双双离开了巴黎。目睹新的共和国政权下的人民同样受到强权的摆布以及雅各宾派不愿意赋予妇女以平等的权利，玛丽失望至极。在给她妹妹的信中，她这样写道："在这个让人深爱着的国家里，恐怖无所不在，死亡、苦难的氛围笼罩着这个国度。"

更糟糕的是，秋天时，玛丽已怀孕，而吉尔伯特离开美国去经商了。他虽然答应赶回，但在通信中又一再拖延，这使得玛丽确信，他已有新欢。她的女儿于1794年5月14日出生，取名范妮，这是以她心爱的朋友的名字起的，弃妇带幼女，何其艰辛绝望！翌年4月，玛丽听说吉尔伯特就住在伦敦，于是前往伦敦去找他。

玛丽找到吉尔伯特时，发现真的还有一个人。正是在这一刻，玛丽第一次萌发了自杀的念头。这次自杀未遂过后，吉尔伯特劝玛丽到斯堪的纳维亚，作为他的代表去进行一些交易磋商，想以此挽回他心爱的玛丽，玛丽同意了。她在那里待了四个月，写下了《瑞典、挪威和丹麦短居书简》（*Letters Written during a Short Residence in Sweden, Norway, and Denmark*），信中她详细记录了她的旅程、所思所想和忧伤哀戚。后来她回到伦敦，却发现吉尔伯特已无意再续前缘，绝望之际，她再次萌发自杀念头。

最终，玛丽不得不接受她与吉尔伯特已恩断义绝的事实。"我很严肃地向你保证，这将是永别，"她在给他的最后一封信中如是写道："我和你平静地分手。"但玛丽在向别人介绍自己时，仍自称"伊姆利夫人"。她又回到了过去的文学圈，在那里，她重新认识了后来成为她真正法律意义上的丈夫的人。数年前，在出版商的一次晚宴上，玛丽就遇到了当时最著名的激进的哲学家威廉·葛德文（William Godwin）。尽管二人一开始交往不多，但只要我们看一下玛丽的《书简》，就能看出威廉的倾心："如果说有一本书能让一个男人爱上作者，那么这个男人就是我，那本书就是你的书。你在诉说你的忧伤，让读者也心有戚戚，你的柔情融化了我们，同时也表明了作者是个天才，足以令人歆慕。"威廉和玛丽开始谈婚论嫁，玛丽再次怀孕。

1797年3月29日，他们结婚了。这引发了流言蜚语，因为这等于公布了一个事实：玛丽实际上从未真正嫁给吉尔伯特，范妮是非婚生。尽管如此，在婚后的几个月里，夫妇二人琴瑟和鸣，一位朋友曾称他们是"神仙眷侣"。玛丽对威廉可以说是溺宠了，她写道："我心因君心，君怡吾方悦。"8月30日，他们的女儿降生后，玛丽在产床上发烧了，1797年9月10日撒手人寰。

玛丽觉得她付出的太多，但没人能理解她，她已向世人展示了她最可贵的东西——她的天赋。她的小女儿、《弗兰肯斯坦》（*Frankenstein*）的作者、著名的雪莱夫人，也以文学闻名于世。相比之下，玛丽·沃斯通克拉夫特就显得黯淡了。

▲ 法国国王路易十六被处死刑的那一幕让玛丽不禁流下了眼泪，尽管她支持革命

爱尔兰的启蒙运动

爱尔兰的启蒙运动政治色彩浓厚，
与欧洲大陆的启蒙运动迥然不同。

作为英国殖民地的爱尔兰的历史以及爱尔兰的启蒙运动思想，并未被同时代的人所普遍承认，他们中的很多人仍对爱尔兰人有偏见，认为爱尔兰人落后、粗鄙，但这反而使启蒙运动变成关于宗教问题的全国性的辩论，有助于审视爱尔兰在更广泛的世界中的位置。

历史学家迈克尔·布朗（Michael Brown）认为："爱尔兰从来不是启蒙运动的中心，但启蒙运动所要解决的是相互交织的问题，宗派主义、经济落后、政治独立等，这是整个18世纪爱尔兰都面临的问题。"

那些主张爱尔兰启蒙运动存在的人，往往是指始于1696年的运动，标志是反映约翰·托兰德（John Toland）思想激进的《基督教并不神秘》（Christianity not Mysterious）一书的出版。该书的副标题是"论福音书并非与理性相对立亦非高于理性、基督教教义并不神秘"。

▲ 托兰德的泛神论著作《基督教并不神秘》，间接地说出了上帝并不干预人世间的事务

▲ 乔治·克鲁克香克（George Cruikshank）的画作《在醋山击败反叛者》（*Defeat of the Rebels at Vinegar Hill*）表现的是1798年的爱尔兰起义

对爱尔兰的许多教职人员来说，"福音书并非与理性相对立"的观点着实有煽动性，以至于将一纸诉状递上了米德尔塞克斯郡（Middlesex）的大陪审团。爱尔兰下院发布了逮捕托兰德的法令。但对这本书的法律判决，在整个爱尔兰都引起了反响，因为这就意味着上帝无权干预人的思想："所有权力的配置始于人的思想，终于人的思想。"这就意味着上帝创造了世界，但不可干预世界。

托兰德回到了爱尔兰的家乡，但由于他的著作提出了诸如爱尔兰应该成为什么样的国家等问题，此书的出版引起了强烈的反响，尤以1785年成立爱尔兰皇家科学院时为甚。科学院出版并极力推荐了一批此前并不为人重视的关于爱尔兰历史和文化的几部著作。迈克尔·布朗写道，爱

▲ 爱尔兰人联合会领袖沃尔夫·托恩

▲ 约1780年以来的爱尔兰议会。右下角的是正在发表演讲的格莱敦

1776年美国独立战争爆发时，早期的爱尔兰民族主义者关心的是在英国议会的代表问题，对美国革命持观望态度。

尔兰的知识界被激起了民族主义的情怀，他们讨论的主题是如何建立一个"稳定的岛国"，而对占人口大多数的天主教徒实行宗教宽容显然是其中的一个关键因素。

1776年美国独立战争（美国革命）爆发时，早期的爱尔兰民族主义者关心的是在英国议会的代表问题，对美国革命持观望态度。像出生于都柏林的格莱敦（Henry Grattan）等爱尔兰议会的议员们首次鼓吹应在英帝国内争取更有利的贸易地位，并提出了爱尔兰的权利宣言。他还对中世纪的《波伊宁斯法案》（Poynings' Law）提起了上诉。

但有的人不满足于仅在英爱联盟内争取爱尔兰的地位，他们准备走得更远。1791年，都柏林的律师西奥博尔德·沃尔夫·托恩（Theobald Wolfe Tone）、炮兵指挥官詹姆斯·纳珀·坦迪（James Napper Tandy）和陆军军官托马斯·拉塞尔（Thomas Russel）成立了名为"爱尔兰人联合会"（Society of Union Irishmen）的组织，该组织的最初目标是解放天主教徒，实行改革。会员全部都是启蒙运动的参与者和支持者。托恩和拉塞尔在爱尔兰的议会的旁听席相遇，其时议会正讨论辉格党的功绩，但遭到了英国势力集团的压制，结果该组织的领导人很快就发动起义了。

1798年，联合会共计34名成员在韦克斯福德（Wexford）被处决，北科克（North Cork）的民兵对当地人以血还血，又进一步加剧了双方的紧张程度，这等于为渊驱鱼，当地农民也加入了起义者队伍。

但最终，起义被血腥镇压下去，而英国终于在1801年根据《联合法案》把爱尔兰并到了联合王国中。爱尔兰议会被解散，爱尔兰议会100名议员转入了英国议会下议院。但问题并没有得到解决。实际上，爱尔兰启蒙运动期间所建构的爱尔兰情结一直遭到压制，结果在之后的两个多世纪里，英国得到的回应是激烈的暴力，尤以爱尔兰自由邦的成立及随后的北爱尔兰问题为甚。

破碎的关系

如果我们勉强承认爱尔兰也有自己的启蒙运动，那么这个运动也是源于爱尔兰与不列颠群岛其他地方之间的紧张关系。

英格兰对爱尔兰的正式控制始于国王亨利二世时期的1171年。诺曼人抵达英格兰后，在长达一百多年里，爱尔兰人并未被征服，在布赖恩·博鲁（Brian Boru）等威赫一时的君主统治之下，爱尔兰维持了数年的独立地位，当时的博鲁曾统一了盖尔各部。这激发了那些寻找新爱尔兰形象的启蒙运动思想家的想象力，新爱尔兰应当是敢于梦想独立的爱尔兰，是有自己的历史和文化的爱尔兰。

尽管有爱尔兰议会，从表面看，爱尔兰在英帝国里自有其法律地位，但这只是假象，现实是，即使到了18世纪，在许多英国人看来，爱尔兰桀骜不驯，要想控制爱尔兰，非动用铁腕手段不可。1494年起实施的《波伊宁斯法案》规定，爱尔兰所有的法令须经过英格兰政府同意方能实施，格兰敦为废除该法令而积极奔走。

宗教改革之后，苏格兰清教徒在爱尔兰定居，开辟的大农场多了起来，这是移民政策的一部分，目的是逐渐削弱占人口大多数的天主教徒的力量，法令正是为此而设。在17世纪，爱尔兰的天主教徒也被以契约劳工——实际上就是奴隶——的名义派送到加勒比海的新殖民地。

1690年博因河（Boyne）战役使爱尔兰的天主教徒与新教徒定居者对立起来——爱尔兰的天主教徒支持被放逐的同为天主教徒的詹姆斯二世，而新教徒定居者为威廉三世效命。光荣革命时期，根据宪法安排，威廉三世和玛丽（詹姆斯二世之女）正式即位。詹姆斯二世战败，他的胤嗣亦无力问鼎，结果是，数十年间，天主教徒被反诉、指责，至今仍能感受到天主教徒的怨怼之气。

▲ 1690年博因河战役导致爱尔兰的天主教徒和地位趋于稳定的新教徒之间的对立，影响至今

受到启蒙运动影响的君主

这里介绍十位因其开明的政策而被载入史册的君主。

杰茜卡·莱格特（Jessica Leggett）

▼ 查理三世以其改革而为人民所缅怀

查理三世（Charles III）

国籍：西班牙
生卒年：1716—1788

　　查理三世是西班牙国王中最受爱戴的君主之一。他决定对他的国家进行改革。他信奉开明专制（enlightened despotism）的原则，并将其用于改良西班牙的社会结构。

　　查理三世曾为那不勒斯国王，其同父异母的兄长斐迪南六世（Ferdinand VI）国王去世后，他被迫放弃那不勒斯的王位，以更好地履行西班牙国王之职责。在那不勒斯，他已是颇有人气的统治者，受启蒙运动影响，他启动了改革，并大获成功。他知道，在西班牙也可以启动类似的改革。

　　他改革的内容很多，包括放宽对经济活动的管制、支持科学研究、农业现代化以及重组市政府等。查理三世还决定进行军事改革，尽管他的目的是想避免战争。

　　马德里尤其受益于查理的改革。他在马德里建造了一栋又一栋的新建筑，包括一家医院、一座自然历史博物馆，铺上了新路，安装了路灯。查理三世还资助艺术，翻修了许多剧院。

腓特烈二世

国籍：德国/普鲁士
生卒年：1712—1786

和其他君主一样，腓特烈大帝也坚信开明专制。他自幼即博览群书，其中有不少书把他带入了启蒙运动的世界。这些书对他影响很大，因为腓特烈认为，只有在开明的君主统治下，社会才能进步。

腓特烈40多岁才登基，成为普鲁士的国王，然后不知疲倦地把启蒙运动引进普鲁士。他是法国启蒙运动的支持者，写下了许多主题论文，包括科学理性、文学方面的主题论文。他还和当时不少颇有名望的作家和哲学家保持通信联系，其中就有伏尔泰，他曾邀请伏尔泰到他的宫廷。他们一直保持联系，直至1778年这位法国哲学家去世。

为了把普鲁士变为开明、现代的国家，腓特烈进行了一系列改革。他支持宗教宽容政策，支持言论自由，还改革了教育制度，规定适龄儿童必须上学。他还铺设了新的道路，建设新的城市，废止了大部分酷刑，甚至还要向他的臣民推行预防接种。直至今日，他仍被视为普鲁士历史上最重要的君主之一。

▲ 腓特烈二世是支持启蒙运动的最著名的君主之一

除了启蒙运动，腓特烈二世还喜欢法国的艺术和建筑，并建造了一座法国洛可可风格的王宫——无忧宫（Sanssouci）。

玛丽娅·特蕾莎

国籍：奥地利
生卒年：1717—1780

尽管奥地利的玛丽娅·特蕾莎（Maria Theresa）常被称为支持启蒙运动的君主，但她并没有像同时代的其他君主那样始终如一地推动这个运动。实际上，人们更多地认为她是保守的统治者，而不是深受启蒙运动影响的君主。

对于可能会对王位造成威胁的任何改革，玛丽娅·特蕾莎都不会容忍。她认为她的王国建立在天主教处于支配地位的基础之上，因此她并不支持宗教宽容，而是坚决反对清教徒，坚决反犹，甚至还强迫奥地利之外的清教徒迁居他地。

但艰屯之下，玛丽娅·特蕾莎还是做出了一些改革，因为同时代的君主们——特别是她的对头腓特烈大帝——都施行的是支持启蒙运动的新政策。不久，她也开启了司法和行政改革，还提升了武备，把军队规模扩大了一倍。

她最著名的改革是实行义务教育，她也因此项改革而为人称道。尽管玛丽娅·特蕾莎以法案的形式在她广大的国土上贯彻她的改革措施，但说到底，这些措施只因应了政治、经济需要而已，而不是为了改善她的臣民的生活的。

▲ 人们通常认为玛丽娅·特蕾莎深受启蒙运动的影响，但实际情形并非如此。

拿破仑一世

国籍：法国
生卒年：1769—1812

尽管在旧制度下已出现了启蒙运动，但拿破仑仍认为，要想把法国变成一个教育水平很高的国家，启蒙运动就是最好的机会。他颁布了一系列的改革，特别是教育方面的改革，全国普遍建立了中学教育。所有的学生学的都是全国统一的标准化课程，科学教育也不例外。

拿破仑的民法典也明显吸收了启蒙运动的思想，特别是哲学家卢梭的思想。1804年，启蒙运动的思想被吸收到新的法律框架中，新的法律废除了封建主义，奉行宗教宽容的政策。政务之余，拿破仑还资助了所谓下一代启蒙哲学家，如沃尔尼（Volney）、都诺（Daunou）等。

但有人认为，拿破仑利用了启蒙运动及其思想，即通过创立一个平等的社会，掩饰自己军事独裁的面目。

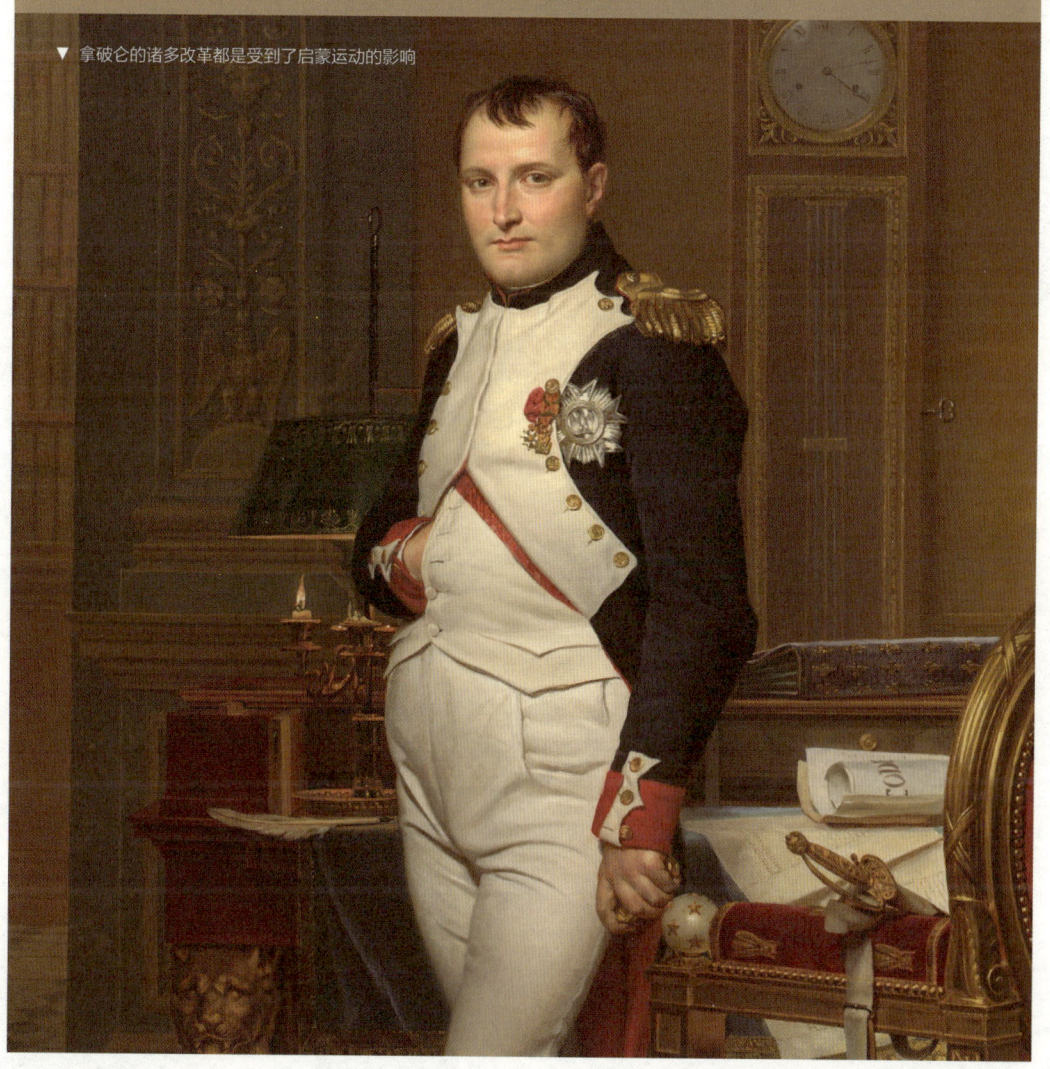

▼ 拿破仑的诸多改革都是受到了启蒙运动的影响

叶卡捷琳娜二世

国籍：俄国/德国
生卒年：1729—1796

叶卡捷琳娜大帝是俄国启蒙运动的热心支持者，当她要改革她婆家的国度时，她已有很多想法。这其中的关键措施包括改良教育制度、废除农奴制、建设新城及发展俄国文化。

叶卡捷琳娜受到西欧启蒙运动哲学家的影响，为此她还颁布了《大诰》（Nakaz, Great Instruction），该法令体现了她的理想政府的思想。1767年，她甚至还召开了立法委员会会议，意欲用启蒙运动的思想来改良俄国。

有意思的是，尽管推行了很多改革措施，但叶卡捷琳娜的目标是看起来像一名开明的统治者，而不是真的变成开明的统治者，因为她引进启蒙运动的原则是要强化她的统治，使之成为专制君主。最明显的例子就是对俄国农奴制问题的处置，叶卡捷琳娜一开始的确是想改革。

但俄国的经济是建立在农奴制基础之上的，需要农奴作为劳动力，而农奴又隶属于贵族。要维持权力，叶卡捷琳娜就需要获得贵族的支持，结果就是，在她在位期间，她的措施并没有对农奴的处境有任何改进。对叶卡捷琳娜来说，维护女皇的权力和地位要比改进臣民的生活更为重要。

▲ 叶卡捷琳娜更关心的是妆容和外表，而不是改革

> 叶卡捷琳娜与伏尔泰生前一直保持着通信联系，伏尔泰对叶卡捷琳娜的成就也盛赞不已，称她是"北方之星"。

神圣罗马帝国皇帝利奥波德二世

国籍：奥地利
生卒年：1747—1792

利奥波德（Leopold）是玛丽娅·特蕾莎和弗兰茨一世（Francis I）的第三子，和他的兄长约瑟夫二世（Joseph II）一样，利奥波德也深受启蒙运动的影响。1765年，父亲去世后，利奥波德继位托斯卡纳（Tuscany）大公。他在公国里实施了一系列开明的改革，特别是行政管理和税收方面的改革。他废除了死刑，禁止严刑拷打，禁止虐待精神病人。

尽管利奥波德并没有获得人民的拥戴，但他做到了带领公国走向繁荣。1790年约瑟夫去世，利奥波德被选为神圣罗马帝国新君，移驾维也纳。利奥波德取消了约瑟夫激进的开明政策，但也保留了其中的一些政策，如宗教宽容、解放农民等。可惜享国日浅，他在位仅18个月即崩逝了。

▲ 利奥波德任神圣罗马帝国皇帝的时间并不长

弗雷德里克六世

国籍：丹麦
生卒年：1768—1839

受到伏尔泰、卢梭等启蒙运动思想家的著作影响的君主还有弗雷德里克六世（Frederick Ⅵ）。和同时代的其他君主一样，弗雷德里克六世及其顾问也支持这场运动。

由于父王患有精神疾病，弗雷德里克成为摄政王储。摄政之初，弗雷德里克给人以自由派领袖的印象。政治自由、居住自由、经济自由以及宗教宽容，成为他的改革议程的中心内容之一。弗雷德里克希望这些措施得以开启丹麦的启蒙运动。

但在拿破仑战争中，由于弗雷德里克支持拿破仑，而拿破仑的败北，使得形势急转直下。弗雷德里克被迫把挪威王位禅让出去，又担心会引起反叛，所以停止了带有启蒙运动色彩的改革。言论自由政策实施没多久，又开始了严厉的管控，任何反抗都会遭到镇压，就连事关宪法的反对意见也不能容忍。弗雷德里克治下的丹麦成了强硬的专制主义的国度。

▶ 虽然开启了带有启蒙运动色彩的改革，但弗雷德里克最终还是回到了原点

▼ 古斯塔夫在位期间推行了启蒙运动色彩的改革

> 贵族们对古斯塔夫的愤懑蓄积有年，最终导致1792年的暗杀行动。

古斯塔夫三世

国籍：瑞典
生卒年：1746—1792

1771年，国王古斯塔夫（Gustav）继位瑞典国王，其时的瑞典，实权掌握在政府手里，全国腐败横行。翌年，他通过政变的方式，将权力从政府那里夺回，并决定重振王室权威。

古斯塔夫也是伏尔泰的崇拜者，他用启蒙运动的原则指导改革，还要给这位哲学家送信，告知他要施行新宪法。他启动了对行政机构、经济、教育和军队的改革，清除这些领域内的贪腐现象。古斯塔夫还对刑事制度进行了改革，废除了酷刑，改为更为人道、更为公平的惩罚方式。

和其他的开明君主一样，古斯塔夫也在瑞典实行宗教宽容政策。他还是文化艺术的赞助者。尽管他改变了瑞典的统治方式，但他并没有再追求绝对权力。他也许真的想改变瑞典，但实际上他也关注他的声名远播，希望自己的改革行动能为他在启蒙运动已风起云涌的欧洲大陆赢得称誉。

神圣罗马帝国皇帝约瑟夫二世

国籍：奥地利
生卒年：1741—1790

如果说约瑟夫二世的母亲玛丽娅·特蕾莎还纠结于保守路线与开明路线的话，那么约瑟夫二世的态度就是完全支持开明专制。最终，在母子共治时，二人龃龉不合，尤其是，约瑟夫二世崇拜的是他母亲的仇敌腓特烈大帝。1780年，玛丽娅·特蕾莎崩逝，约瑟夫终于有机会施行他念兹在兹的新政。

他很快就开启了各项带有启蒙色彩的改革，其荦荦大端者有：放宽新闻审查，解放农奴，对境内的行政机关进行合理化改革，强制推行德语，甚至还废除了死刑。实际上，约瑟夫二世推行的改革内容之多，以至于人们用"约瑟夫主义"一语以蔽之。

在对天主教之外的其他宗教的宽容方面，他走得更远，而他的母亲则支持反改革的势力。和其他受到启蒙运动影响的君主一样，约瑟夫二世之为世人所称道，是因其热爱艺术，是莫扎特的著名赞助者，他也因此被人戏称为"音乐国王"。

不幸的是，约瑟夫二世对支持他的带启蒙色彩改革的人数估计不足。他在颁布改革措施时未免操之过急，未为变革留下准备的空间，结果引发了全国范围内的持续不断的冲突。

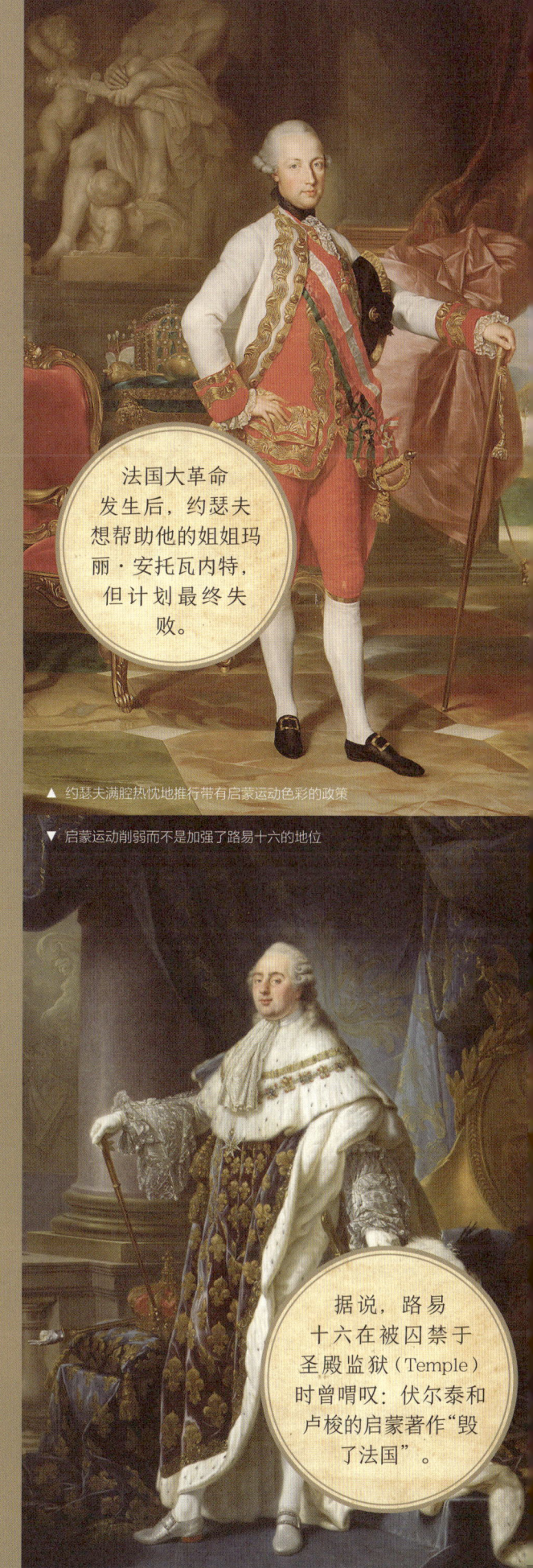

法国大革命发生后，约瑟夫想帮助他的姐姐玛丽·安托瓦内特，但计划最终失败。

▲ 约瑟夫满腔热忱地推行带有启蒙运动色彩的政策

▼ 启蒙运动削弱而不是加强了路易十六的地位

路易十六

国籍：法国
生卒年：1754—1793

法国国王路易十六大概是历史上争议最多的人物之一。作为君主，人们却认为他很可怜，因为他从来没有理解他的人民想要的到底是什么。虽然他铸成大错，但要说在位期间他从不思改革，同样也是错误的。

路易十六也曾受到启蒙运动的影响，一开始，他也想在法国进行改革。他也想废除农奴制、实施财政改革、容许宗教信仰自由，但遭到了贵族的强烈反对，最后，贵族们中止了路易十六的改革努力。但路易十六还是颁布了《凡尔赛法令》（Edict of Versailes），规定了法国的非天主教徒的法律地位和公民身份。

同时期的不少君主利用启蒙运动强化他们的独裁统治，而在法国，大革命的爆发和路易十六的被黜及君主制的落幕，启蒙运动可谓与有力焉，因为启蒙运动的拥趸批评贵族的腐败无德，实际上剑指国王。

据说，路易十六在被囚禁于圣殿监狱（Temple）时曾喟叹：伏尔泰和卢梭的启蒙著作"毁了法国"。

艾萨克·牛顿

牛顿被认为是现代物理学之父，是最有影响力的科学家之一。

艾萨克·牛顿爵士是英国物理学家，被誉为现代经典力学的奠基者。他的成就，核心内容就是揭示了万有引力，阐明了三大运动定律，而且还将三者绾合为一个体系。牛顿的发现表明，天体运动是由一系列宇宙定律所主导的，从而使科学思想彻底走出了日心说（即认为太阳是宇宙的中心），200多年后爱因斯坦的广义相对论和狭义相对论即是在此基础上提出的。

1661年，牛顿考入剑桥大学三一学院，其时剑桥大学的科学和数学教育基本仍以亚里士多德的思想为基础。但由于牛顿阅读了许多近代思想家的著作，这所大学也逐渐引进了笛卡尔、开普勒、伽利略等人的思想。1665年，牛顿从剑桥毕业，随后的两年里，他逐渐形成了他的微积分理论、光学理论和万有引力定律。

在这之后，牛顿对光学兴趣日浓，1670年至1672年，他讲授的就是光学。正是在此期间，他发明了世界上第一个反射式望远镜——牛顿望远镜，他将整个反射式望远镜连同对光的折射问题的研究报告一并呈给了英国皇家学会。在接下来的30年里，他投入了大量精力研究光的本质和性质，日积月累，至1704年，著成《光学》（ Opticks ）一书。

在此之前的1687年，牛顿已出版了具有开创意义的《自然哲学的数学原理》（ Philosophiae Naturalis Principia Mathematica ），该书阐述了运动定律、万有引力，修正了约翰尼斯·开普勒（ Johannes Kepler ）行星运动定律。即使他的天才已为世人所知，但还是这部影响深远的著作奠定了他在科学界的地位。他不仅加入了英国皇家学会，还被安妮女王（ Queen Anne ）封为爵士——第二位受封为爵士的科学家。牛顿还赢得了一批虔诚的崇拜者，这其中就有埃德蒙·哈雷（ Edmond Halley ）。

牛顿在继续开展数学、天文学、光学研究的同时，还担任行政职务，后又任皇家铸币厂督办之职。1703年，他被选为英国皇家学会会长，还被选为法国科学院院士。

牛顿年谱简编

1643
11月4日，牛顿出生于英格兰林肯郡。

1655
12岁的牛顿在国王学校学习，17岁毕业。

1661
牛顿考入剑桥大学三一学院，四年后获得了数学学位。

1672
牛顿发明了著名的反射式望远镜，并在伦敦的皇家学会上展示了自己的反射式望远镜。

1670
牛顿对光学和天文学产生了兴趣，在剑桥大学讲授这两门课程。

1687
经过对重力和行星运行问题的数年研究，牛顿于是年出版了《自然哲学的数学原理》。

1704
牛顿出版了《光学》一书，书中认为，棱镜是可以当作扩束镜的。

1727
3月31日，睡梦中的牛顿与世长辞，享年84岁。

1724
年迈体衰的牛顿与侄女、侄女婿一起生活在英格兰温彻斯特附近的克兰伯里庄园（Cranbury Park）。

1705
牛顿以其科学研究的成就及皇家铸币厂督办的身份，被安妮女王封为爵士。

让我们认识一下艾萨克·牛顿

关于这位英国启蒙运动最伟大的科学家之一,以下五点是你应该知道的:

1. 尽管牛顿取得巨大的科学成就,但实际上他在解释《圣经》和神秘学方面的著作要多于科学方面的著作。他终身信奉基督教,而非天主教。

2. 牛顿是历史上第二位被授予爵士的科学家,授爵时间为1705年。他的盾徽是两根交叉的胫骨。

3. 1696年货币重铸(Great Recoinage)期间,牛顿曾任皇家铸币厂督办。任职期间,牛顿以伪造货币的罪名起诉了28名造假者。

4. 1704年,牛顿想要从《圣经》中找到科学的信息。根据从宗教文献中抽绎的信息,牛顿预言世界末日不早于2060年。

5. 牛顿于1727年去世。去世后人们发现,他的头发含汞量极高,说明他生前罹患汞中毒之症。

▲ 牛顿正在探索光的性质和实质

理性时代的科学

认识一下那些奠定了生物学、化学、物理学等新学科基础的早期科学家。

斯科特·里夫斯（Scott Reeves）

1660年11月28日，伦敦格雷欣学院（Gresham College）28岁的天文学教授克里斯托弗·雷恩（Christopher Wren）在每周的自由讲座上发表了演讲，这番演讲使他一举成名。随后，在雷恩的几何学教授劳伦斯·鲁克（Lawrence Rooke）的房间里，他与11名每周必到的听众相遇。他们决定要成立一个"旨在促进物理-数学实验知识的学会"，定期相聚，一起做实验、讨论最新的科学发现。

学会列出了一份愿意并适合参加学会的40人名单，开启了邀请入会的行动。功夫不负有心人，当时许多重要的思想家都加入学会了。早期入会的有古文物研究者伊莱亚斯·阿什莫尔（Elias Ashmole）、数学家艾萨克·巴罗（Isaac Barrow）、化学家玻意耳（Robert Boyle）等。他们甚至还得到了国王查理二世的支持，国王授予了特许状，该组织也更名为伦敦皇家自然知识促进学会（the Royal Society of London for Improving Natural Knowledge）。

皇家学会是风行欧洲的科学革命带来的新思维方式的产物。自然哲学家不想再盲目接受那些古典时代形成的、已被普遍接受的理论。新一代的科学思想家们想要找到眼见为实的证据，而皇家学会的座右铭就是"Nullius in verba"，即"不人云亦云"。

皇家学会的第一次会议讨论的议题之一是玻璃管道中的水的特性。在讨论中，年轻的助理研究员罗伯特·胡克（Robert Hooke）显得卓尔不群。胡克的知识水平必定给与会者留下了深刻印象，因为七个月后，他被任命为学会的实验负责人。

和同时代其他科学家一样，胡克也是博学多艺者，对科学和哲学各学科均有兴趣。他因用

▲ 由于公众对科学的兴趣越来越浓，早期的实验被多次演示。图中就是利用泵抽的方法抽走空气，致使小鸟窒息而亡

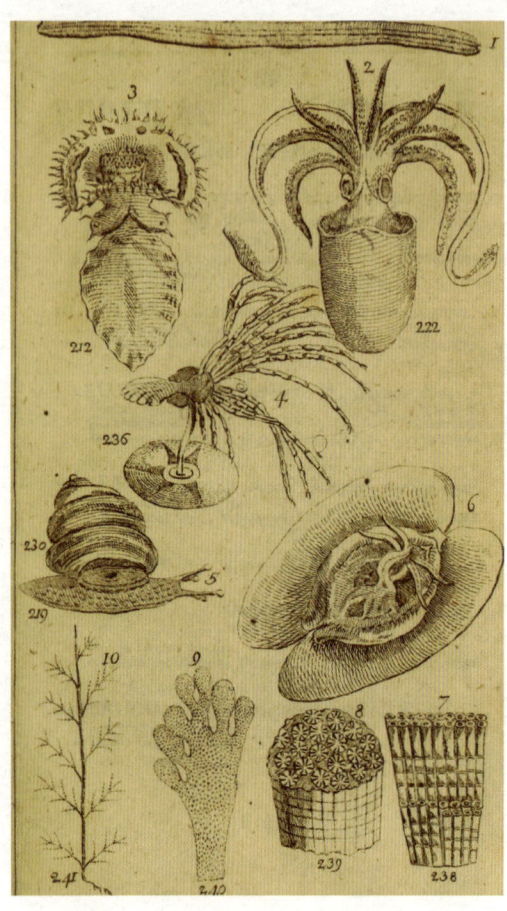

▲ 现代分类学（对活的有机体的分类）始于《自然系统》

显微镜做实验而最为世人所知。他是最早用最新的显微镜技术观察自然界且有重大发现的科学家之一。他发现，植物的结构与蜂房巢室相似，于是就发明了"细胞"这个生物学术语。在1665年出版的折叠式插页的《显微制图》（Micrographia）中，他给跳蚤、虱子等昆虫绘了图，向我们完美地展示了那个令人啧啧称奇的微生物世界，读者无不叹为观止。胡克还利用显微镜研究化石，得出的结论是，化石上的东西是浸泡在矿化水中的生物体石化的遗体或遗迹。他认为，化石很有可能呈现的是现在已灭绝的、达尔文进化论中早期阶段的生物。

然而，在启蒙时代，并非所有的科学思想都产生于皇家学会。瑞典乌普萨拉大学（Uppsala University）动物学家卡尔·林耐（Carl Linnaeus）对自然界的生物提出了一种新的分类体系。1735年，他出版了具有里程碑意义的著作——第一版《自然系统》（Systema Naturae），把自然系统分为三类：动物、植物、矿物，然后再依其标本特征细分。林耐对这部著作不断修订完善，1758年出版了第十版。在第十版中，他提出了双名命名法，给每个物种定下了正式的拉丁文名字，名称由两部分组成：一为属名，一为种名，如鸫科中的乌鸫（Turdus merula）、猫科中的热带草原猫（家猫，Felis catus）。

胡可和林耐等人的科学成就不可能是靠单打独斗取得的。艾萨克·牛顿爵士就与皇家学会的其他成员保持密切的合作，他自称："如果说我看得比别人更远些，那是因为我站在巨人的肩膀上。"而到了18世纪，不少人又站到了牛顿的肩膀上，运用牛顿关于经典力学的开创性研究成果并进一步完善、提升。

这些站在牛顿肩膀上的人当中就有瑞士数学家丹尼尔·伯努利（Daniel Bernoulli），在牛顿写下《自然哲学的数学原理》时，他还没有出生。伯努利年轻时即如饥似渴地阅读牛顿的著作，并将其运用到气体和流体问题的数学研究中。他研究了血液流动问题，用一小段细管刺穿血管，发现血压不同，血液流速就不同。于是就有了测量血压的有效方法，即把尖玻璃管刺进病人的动脉中。伯努利还做了关于振动的实验，列出了振动弦及物体的振动频率与和声之间的关系的方程式。

欧洲大陆新一代科学家们在进一步发展牛顿力学方面的贡献远大于牛顿的英国同胞，伯努利即是其中极具代表性的人物。此外还有让·勒朗·达朗贝尔（Jean le Rond d'Alembert）和皮埃尔·路易·莫佩尔蒂（Pierre Louis

启蒙时代的科学家

在启蒙时代,下面五位科学家做出了里程碑式的贡献。

皮埃尔-西蒙·拉普拉斯
(Pierre-Simon Laplace)

数学家、物理学家

拉普拉斯有时被称为法国的牛顿,他进一步完善了牛顿经典力学理论,并将其用于解释太阳系的稳定性问题。他曾在巴黎的一所军校任教员,拿破仑·波拿巴就是学员之一,拿破仑后来任命他为内政部长。

让-巴蒂斯特·拉马克
(Jean-Baptiste Lamarck)

生物学家

退役后的拉马克全身心地投入到他喜爱的对自然界的研究中。他公布了对无脊椎动物的一项重大研究成果,值得注意的是,"无脊椎动物"这个名词本身就是他首先提出的,他还是使用现代意义上的"生物学"(biology)这个名词的第一人。他也是法国国家自然历史博物馆的创立者。

约瑟夫·普里斯特利
(Joseph Priestley)

化学家

普里斯特利是各自独立发现氧的三位科学家之一,他还做了电学的实验,发明了苏打水。他是真正的天才,但当氧的另一位发现者拉瓦锡提出关于燃烧的新学说时,普里斯特利因仍坚持过时的"燃素说"而致令名不终。

约翰·波得
(Johann Elert Bode)

天文学家

通过数学公式的推导,波得预言土星之上仍有行星。过了几年,科学家们果然发现了一颗。新行星被发现时,波得还解决了新行星的命名难题,他选中了"乌拉诺斯神"(Uranus,即天王星)这个名字,因为农神萨图努斯(Saturn,即土星)是朱庇特(Jupiter,即木星)之父,他认为,顺此逻辑,下一个行星也应以萨图努斯之父神命名。

罗伯特·胡克

在多个学科领域均成就斐然的科学家

除了众所周知的用显微镜进行观察和研究工作,胡克还做了真空泵的实验,观察了火星和木星的自转,研究了光的性质。但胡克的有些研究成果是有争议的,批评者认为,他是利用自己在皇家学会的地位把他人的成果据为己有。

Maupertuis），约瑟夫·路易斯·拉格朗日（Joseph-Louis Lagrange）即在他们的研究基础上写出了《分析力学》（*Mécanique Analytique*），该书是牛顿运动定律首次发表101年后的一个升级版。

1666年，即伦敦的皇家学会成立后的第六年，法国国王路易十四也成立了学术机构——皇家科学院。达朗贝尔、莫佩尔蒂和拉格朗日都是皇家科学院的成员。科学家们不必在伦敦和巴黎之间做选择。此后，由王室赞助成立的学术机构如雨后春笋般出现，学术中心越来越多：1700年在柏林成立的柏林学会、1724年在圣彼得堡成立的圣彼得堡学会、1739年在斯德哥尔摩成立的瑞典皇家自然科学学会，等等。此外，在整个欧洲，还出现了70余家规模稍小些的学会，其中包括位于伯明翰的著名的月社。

这些学术机构的任务之一就是发布成员的研究成果，将知识向更多的受众传播。罗伯特·胡克的《显微制图》和艾萨克·牛顿的《自然哲学的数学原理》都是由皇家学会以专著的形式发布

▲ 拉瓦锡和他的妻子兼助手。拉瓦锡因其引发化学革命而被誉为现代化学之父

的，而大多数研究成果是通过季刊《皇家学会哲学学报》（*Philosophical Transactions of the Royal Society*）发布的。不过，学会、科学院学报的数量和质量还是有高下之分的。法兰西皇家科学院就以成果发布拖沓而闻名，学报的上下卷之间常常延误，甚至延宕数年之久。曾经出现过延误七年之久者，以至于到了论文刊发的那一天，作者的回忆录也出版了。

如果学会/科学院不支持出版，科学家们就得自己掏钱出书，或向朋友化缘——如果没有他

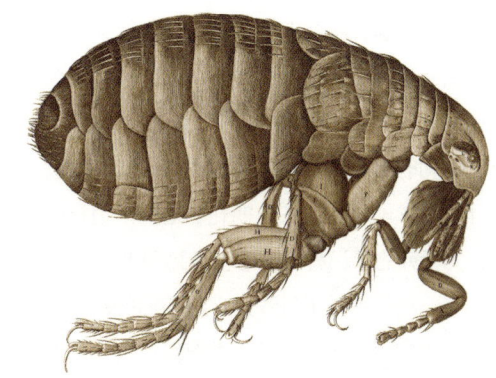

▲ 罗伯特·胡克用显微镜为我们展现了自然界的绚丽多姿

遭电击的男孩

物体发光、不用接触就可以移动，这是魔术还是科学？

那些想当众展示自己的成果的科学家们，都希望给观众一场精彩的表演，其中一个实验总能赢得观众的叫好声，这就是电击男孩的实验。

这个实验需要把一个小孩子用丝绳吊在天花板上，远离任何导体，然后把塞满了带电硫黄的玻璃球放在他的脚边。随着球体的转动，放出了静电，电致发光会使得球内的硫黄开始燃烧。

这已足以让观众惊叫不已了，但过了很长一段时间后，静电荷会进入小孩子的身体。这时表演的科学家会拿起一本书，被吊在天花板上的小孩子会伸出手，离他最近的那页会随着他手的方向运动，尽管他的手并没有碰到书，但书仍能翻页。如果观众中有人愿意站到已被绝缘的地上，当他抓住小孩子的手时，电荷就会传到这位观众的体内，他也可以不用触摸书页而翻书。

表演结束前会有"电吻"：如果这位上台的观众走下绝缘地，当他靠近小孩子时，观众会听到一声巨响，一道电火花从小孩子的身体射出。这场表演的原理是基于史蒂芬·格雷（Stephen Gray）的研究结论，他发现，活的人体是可以导电的。

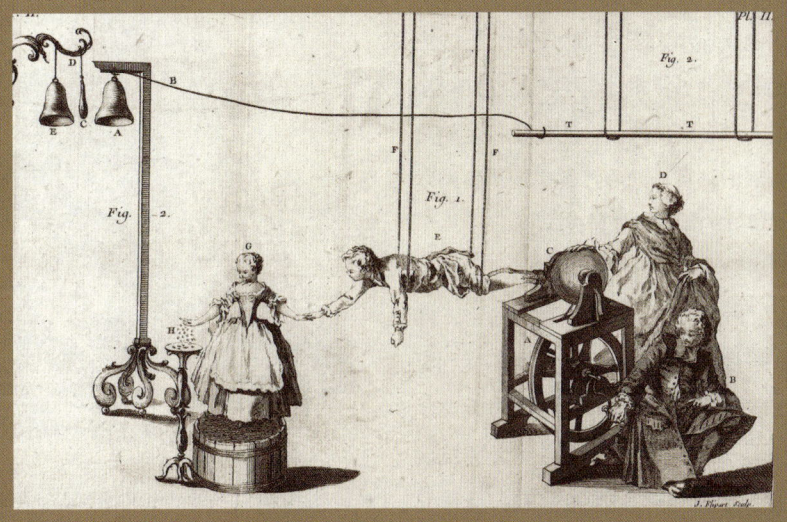

▲ 街头男孩为挣一两枚硬币，常在实验中遭电击以便实验者观察其反应

人的慷慨解囊，林耐的《自然系统》和拉格朗日的《分析力学》就不会面世。学会/科学院会把剩余的款项拿出一部分，用于出版独立的期刊。这些期刊的出版者意识到大众也有阅读科学著作的强烈需求。大多数独立期刊把他们的目标读者定位为研究的评论者、学习者及翻译者。

有一些作者并不是致力于最前沿的研究，而是致力于向更多的人普及科学知识。1686年，伯纳德·丰特奈尔（Bernard de Fontenelle）出版了《关于多重世界的对话》（Conversations on the Plurality of Worlds）一书，这是第一部面向大众的科普读物。丰特奈尔在书中重点介绍了哥白尼的成果（距哥白尼首次公布他的理论已过去差不多150年），但采用了哲学家与贵族对话的方式展现哥白尼的理论。丰特奈尔用的是法国方言而不是拉丁雅言写的。他希望妇女也能读懂这部书。1737年，弗朗西斯科·阿尔加罗蒂（Francesco Algarotti）的《写给妇女看的牛顿理论》（Newtonism for Women）即是专门为这个群体的读者而写，首版即大受欢迎。

由于人类都会惊诧于头顶的星空，那些最为流行的科学著作中，有一些就是致力于探索浩瀚宇宙的秘密的。由于望远镜功能更强、更精准，启蒙时代可以说是观测太阳系和太阳系之外的广阔宇宙的黄金时代。占星术让位于天文学的科学解释：前者是人们普遍认为天体的位置和运动可以预示未来的知识体系，而后者则是观测者用以解释夜空中的星体的运动和轨迹的学问。

威廉·赫歇尔（William Herschel）是新一代天文学家中的一员，1781年3月13日夜，他在观测星空、寻找双星时，看到了一颗不同的星体，在经过多次观测并标出轨道后，他发现这是一颗不为时人所知的行星。这是用望远镜发现的第一颗行星，扩大了太阳系的范围。身在伦敦的赫歇尔把这颗新行星命名为"乔治之星"（Georgium Sidus），以此向英王乔治三世致敬。但在法国，这颗新行星被命名为赫歇尔星，因为法国人认为以英国国王之名为星体命名，恐遭物议。赫歇尔去世后，这颗行星才被命名为天王星。

与遥远的天王星相比，金星是夜空中最耀眼的星星，人类只要能看到它，就知道它的存在。但直到1761年，罗蒙诺索夫（Mikhail Lomonosov）才首次发现金星凌日时的光晕。罗蒙诺索夫的结论是，这是日光的折射，这表明金星有自己的大气层。

1705年，爱德蒙·哈雷绘出了一颗特别耀眼的彗星在夜空中的轨迹，结合历史上的观测记录，得出的结论是这颗彗星的轨道是固定的，并推导出这些彗星将每70年出现一次。哈雷还绘出了恒星的位置，并将其与古代的星图进行比较，得出的结论是：恒星也在运动。通过对恒星光行差（运动的观测者观察到光的方向与同一时间同一地点静止的观测者观察到的方向有偏差）的深入研究，布拉得雷（James Bradley）对光速进

▲ 威廉·赫歇尔用40英尺①的望远镜发现了土星的两颗卫星

① 1英尺约为0.3米。

行了估算，估算的结果与准确值相差不大，而约翰·米歇尔（John Michell）则从理论上证明了连光也无法逃逸的暗星的存在，这是黑洞理论的先声。

哥白尼和牛顿为一个世纪的天文学和物理学的发展奠定了基础，但当启蒙运动开启时，对化学的研究一开始却是落后的。很多人仍相信炼金术，不能理解物体的性质，认为物体是由土、水、气、火四种元素构成的理论仍很流行。

事情的变化始自分离元素的实验，而元素的分离形成了后来的周期表。从1735年发现的铁元素和铂元素到1797年发现的钒元素，在18世纪，共有21种元素被发现。但真正开启化学革命的是关于燃烧的问题。之前的科学家认为，物体之所以能被燃烧，是因为物体中含有一种被称为"燃素"的可燃性材料。但拉瓦锡根据新发现的氧元素提出了一种全新的理论，经过数年的激烈争论，终于取代了燃素说。拉瓦锡还通过新的化学命名系统和元素表重新组织了化学世界。

对化学成果的应用绝不止理论上的。整个18世纪，科学家们都在探索电荷现象，其中最著名的是美国建国之父之一的富兰克林在电闪雷鸣

▲ 本杰明·富兰克林在雷雨之中放风筝，为的是收集有关闪电的信息。25年后，美国革命爆发

事情的变化始自分离元素的实验。

之时放飞风筝,以此进行他的实验。1800年,伏打(Alessandro Volta)展示了用锌铜交叠堆成的伏打电堆,用于生成电流,这是世界上第一个电池。伏打电堆可用于电解、分离化学制品,从而使得更多的元素得以被发现。在20年后,伏打电堆还被改装成了电动机。

启蒙运动之初和启蒙运动末期的人们对世界的理解很不一样。经过150多年的发展,科学研究已从博学者研究的自然哲学变为包括生物学、化学、物理学在内的多个不同学科。化学革命开启了,太阳系"变大"了,牛顿的定律被超越了,自然界可以用显微镜观察了。日后科学技术的快速发展和科学发现——如电气时代、进化论、黑洞理论等,无不肇基于此。

女科学家
那些推动了科学发展、打破学术机构性别藩篱的女性。

启蒙时代的女科学家可谓凤毛麟角,因为女性多被排斥在大学门外,学会/科学院也鲜见女性成员的身影,遑论以此为志业者。尽管如此,还是有女科学家打破了学术机构的这道藩篱,尽管为数不多。

最著名的女科学家是劳拉·巴斯(Laura Bassi),她不仅争取到了在博洛尼亚大学(University of Bologna)学习,而且在1732年还被该大学聘为物理学教授。尽管她不能公开发表演讲,但可以在自己的课堂中讲授她感兴趣的课程——牛顿力学和电学。

更常见的情形是,女科学家往往与男科学家共同研究,而又甘居幕后。这其中最著名的大概要属卡罗琳·赫歇尔,起初她不愿意当她兄长威廉·赫歇尔的助手。但很快,她就发现自己对天文学有浓厚的兴趣,在威廉夜里观星时,她也加入其中,而且会注意到一般人会忽视的细节。她的声名鹊起是因为发现了八颗不同的彗星并提交了一份权威的星表,该星表纠正了约翰·弗兰斯蒂德(John Flamsteed)的观测结果。

另一位著名的女科学家玛丽安·皮埃尔莱特·包尔兹(Marie-Anne Pierette Paulze)则与丈夫拉瓦锡一起开展研究,在拉瓦锡开启了化学革命的那些实验中,她是实验室里拉瓦锡的实验助手。玛丽安还把英国的科学论文翻译成法语,这样他的丈夫就可以读懂这些论文。此外,拉瓦锡的论文、著作中的插图,也是她绘制的。

▲ 卡罗琳·赫歇尔和她的兄长威廉·赫歇尔发现了2400多个星体。威廉·赫歇尔去世后,她又指导她的侄子约翰·赫歇尔进行天文研究

▲ 伏打向兴趣正浓的拿破仑·波拿巴展示他的电堆

如何发现行星

要想有里程碑式的发现,就要不知疲倦地观测星空。

在我们的太阳系中,只有两颗行星是被正式发现的:天王星和海王星(如果算上冥王星就是三颗)。太阳系其余行星都是自远古时期就为人们所知,用肉眼就可以观察到的。17世纪望远镜首次出现时,嗜奇之士和天文学家借以观天,并以全新的方式探索星系。于是人们对天文学的兴趣陡增,观测工具也越来越精密。到了18世纪,威廉·赫歇尔爵士观测到天王星,他也是历史上正式发现行星的第一人。

要观测行星,你需要准备:

椅子

观测日志

望远镜

星图

提灯

赫歇尔的 40 英尺望远镜

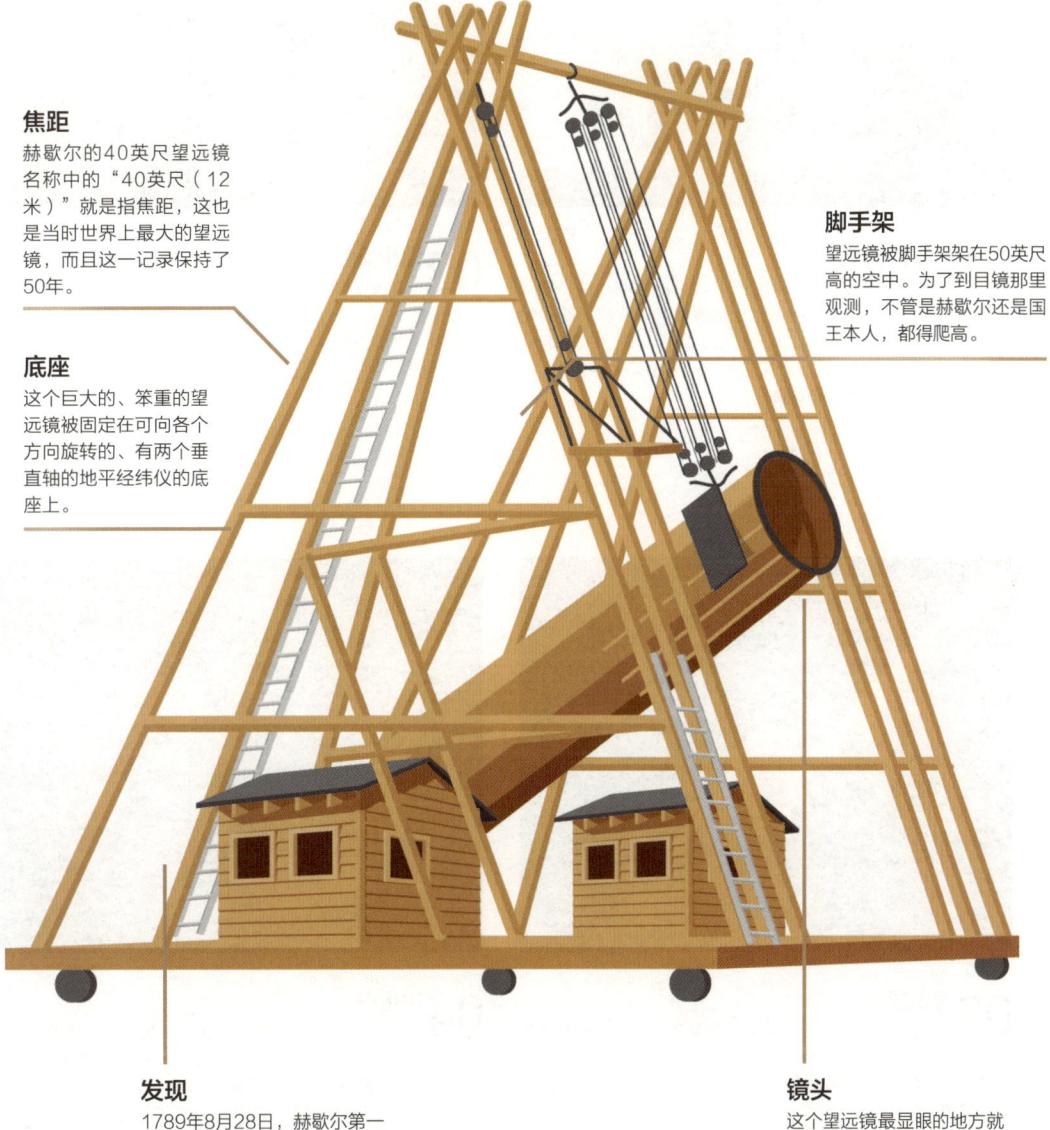

焦距
赫歇尔的40英尺望远镜名称中的"40英尺（12米）"就是指焦距，这也是当时世界上最大的望远镜，而且这一记录保持了50年。

底座
这个巨大的、笨重的望远镜被固定在可向各个方向旋转的、有两个垂直轴的地平经纬仪的底座上。

脚手架
望远镜被脚手架在50英尺高的空中。为了到目镜那里观测，不管是赫歇尔还是国王本人，都得爬高。

发现
1789年8月28日，赫歇尔第一次用这架望远镜时，观测到了土星的一个新的卫星，接着又发现了另一颗卫星。

镜头
这个望远镜最显眼的地方就是直径48英寸①的镜头。那个时代的大多数望远镜都留有一个对角镜，但对角镜的反射率太低，赫歇尔索性把它去掉了。

---

① 1英寸约为0.025米。

01 艰辛的研究

18世纪的天文学可以说是一门综合的学问,你必须对此有研究才行,别指望只要带上望远镜就可以观测到新的恒星。还没有哪个业余人士会发现恒星,所以,对于太空的一切,还是做足功课吧。由于天文学是一门快速发展的学科,所以你还需要追踪最新的研究成果。

02 建望远镜观测台

尽管天文学已很普及,但仍方兴未艾,商店里的望远镜总是脱销。所以,你还要结交真正的天文学家,借他们的望远镜用,当然你也可以自己做望远镜。赫歇尔一生共制作了400架望远镜,其中有很多是在自己的家乡制作的。

03 寻找星系

赫歇尔发现天王星时,他的目的并不在此——当时他正在研究双星。花一些时间研究一下星体运行的规律吧。你对观测目标的运行规律了解得越多,就越容易有意外发现的惊喜。记下笔记,做好详尽的科学日志吧。

04 拼运气

如果用18世纪的望远镜的话,你不可能不费吹灰之力就发现新行星。实际上,那些行星和你所看到的星体很可能是一样的,很可能就是个模糊的斑点。只有观测好几个月甚至数年之久,你才有可能幸运地发现一颗新的行星。赫歇尔在多次研究天王星后,才确认这是一颗行星。

05 命名

如果你是发现者,你就有权为行星命名,不过,为新发现的行星命名也不是一项简单的任务。赫歇尔起初为天王星命名为"乔治之星",这是以英王乔治三世之名命名的,但这个名字在法国并不受欢迎。此后,这颗行星就被冠以"赫歇尔"之名,直到数年后才最终定名为天王星,这是以古希腊和古罗马神话中的人物命名的。

06 暴享大名

如果有此发现,那么这样的发现将是里程碑式的,而人们也将不吝为你送上各种赞誉。如果你有赫歇尔那样的经历,那将在一夜之间引起轰动,成为宫廷天文学家,甚至被封为爵士。当然,现在你是万众瞩目的焦点,人们都希望你有更令人称奇的发现,所以,你最好是打开望远镜,心无旁骛地继续观测几年吧。

真有外太空生命?

18世纪和19世纪在各自领域均有不俗成就的几位天文学家,今天却遭到了批判,因为他们宣称并相信外太空有生命。那个发现天王星、被誉为天才的威廉·赫歇尔认为,包括恒星在内的宇宙中的每颗行星上都有太空生命。

他宣称已找到了证据证明月球上有生命存在,而且与英国乡村里的生命相似。他还宣称太阳上也有生命:"由于太阳和太阳系的其他星体相似,我们不难设想,太阳上面很有可能有生命体存在,当然,他们的器官与那个巨型星体的特殊环境相适应。"

持这种观点的绝不止他一人。20世纪早期的天文学家珀西瓦尔·洛厄尔(Percival Lowell)曾用数年时间创作了多幅他称之为"火星水道"的复杂画作。他认为,火星表面上的这些点点是居住其上的智能物种所掘的井。

俄国的启蒙运动

由于俄国在当时被很多人视为落后国家,俄国的好几位君主励精图治,想让这个大国走向现代化——至少是科学技术上的现代化。

安德鲁·卡恩(Andrew Kahn)博士提出了俄国的启蒙运动这个说法,这场运动被认为是自上而下的,是开明君主通过变革推动的。在俄国西方化这个影响深远的变革中,启蒙运动只是其中的一部分,17世纪和18世纪的俄国君主都在寻求如何让那个传统的、封闭的、奉行斯拉夫主义的国家跻身为一个先进的欧洲国家。特别是,俄国把目光投向了荷兰、法国、英国以及瑞典等国,而瑞典和俄国在1700年至1721年一直在打仗,这场战争反倒是促使俄国提升技术和军备的一个极好机会。

在"大出使"(Grand Embassy)期间,彼得一世曾到过荷兰和英国,对这两个国家的海军实力和科学发展歆羡不已,这位不循规蹈矩的君主决定以荷兰和英国为师,重塑俄国。于是在彼得一世的统治下,俄国开启了学习西欧的改革进程。他从西欧雇人到俄国,建立了现代工业和工厂,其最具进步意义的举动应当是建立了世俗教育,使快速发展的资产阶级和士兵阶级有机会受到教育。1724年,他建立了俄国科学院,这是俄国历史上第一个不受教会控制的重要学术机构。

俄国生活的其他方面也进行了改革:俄国的历法要以欧洲的为准,上层社会的生活方式更为欧式。彼得一世甚至还禁止蓄须,对于敢蔑视此法令的贵族,彼得一世甚至亲自剪掉他们的胡须。1721年,他推行"职级表"(the Table of Ranks)制度,这使得资产阶级可由此获得重要职位。

但是,这些措施都是为解决俄国问题——主要是军事和经济方面的问题——的实用性措施,并不关注人的处境问题。历史学家安杰伊·瓦利基(Andrzej Waliki)的看法是:"18世纪上半叶的君主们都是'从是否实用有效、立竿见影的角度'看待启蒙运动的。他们从不会想到的一个问题是：政治和社会制度也应进行全面的改革。"

不过，鼓励资产阶级和推行世俗教育，已为俄国的启蒙思想奠定了基础。总体看，西方化的政策已为彼得一世的接任者叶卡捷琳娜所继承，叶卡捷琳娜继续大刀阔斧地改革，她把自己塑造成开明君主的形象，还和哲学家伏尔泰等交好。

但是，俄国的启蒙思想也并非全然是由统治者自上而下推动的结果。在叶卡捷琳娜统治时期，博学的学者、诗人米哈伊尔·罗蒙诺索夫（Mikhail Lomonosov）建立了莫斯科大学；1757年，学术上的重要推手伊万·舒瓦洛夫（Ivan Shuvalov）伯爵推动建立了俄国艺术学院，其时欧洲各地都建立了这样的学术机构，学院的成立也是受此刺激。罗蒙诺索夫被认为是那个时代最伟大的俄国思想家。他先后在俄国、德国学习，后来成为著名的学者，在自然科学研究及天文学方面造诣很深。

另一个著名的人物是出生于莫斯科的记者尼古拉·诺维科夫（Nikolay Novikov），他曾执掌莫斯科大学出版社，其间曾向俄国文学家介绍欧洲思想家的作品。但由于出版了一批讽刺性的、偶尔也有批判性的出版物，1792年，他被叶卡捷琳娜下令逮捕。

正如安德鲁·卡恩博士指出的，一国之出版业是开明之国的试金石。卡恩注意到，1725年，俄国的出版物仅有10个主题，到1736年就达到17个，其中3个是讲烟火的，1个是讲历法的。1760年，仅莫斯科大学出版社一年就出版了40个新主题的出版物，另有11个主题的出版物待出版。

诺维科夫的经历表明，出版并不自由，仍面临政府和俄国的宗教机构圣会议（Holy Synod）的审查。据瓦利基介绍，德米特里·阿尼奇科夫（Dmitry Anichkov）的《论集》（*Discourse*）就被禁止出版，甚至圣会议还当众烧毁该书，因为阿尼奇科夫"重点谈了神父的物

▲ 伊万·舒瓦洛夫展示他搜集的多件西方艺术作品，后来他把这些作品都捐给了他帮助创建的俄国艺术学院

▲ 在英国和荷兰期间，彼得大帝勤奋好学，亲自参与现代技术和现代工业的制造。他觉得，俄国必须走欧洲的道路

质利益问题，还揭露了神权统治者曾逼迫神父行使诈术"。

瓦利基认为，谢苗·杰斯尼茨基（Semyon Desnisky）"应该算是他那一代人中最杰出、见解最为独到的启蒙思想家了"。杰斯尼茨基因把苏格兰启蒙运动的思想引入俄国而著名，不仅如此，他还传播他本人对神学的批判思想，但为规避圣会议的非难，他对基督教只能三缄其口。他是俄国历史上用俄语而不是拉丁语发表演讲的第一人，目的是使更多的听众有机会了解学术。

然而，有人认为，俄国是被迫奉行西方化政策的，俄国通常会挑选欧洲国家那些实用的启蒙思想，使之与俄国的宗教和社会结构相适应。俄国的统治者利用欧洲的先进技术在短时间内就攫取了政治利益。

俄国统治者所提倡的自上而下的启蒙运动因法国大革命而戛然而止，路易十六被处决的消息震惊了叶卡捷琳娜，于是她调转了运动的方向，使之趋于保守。俄国的贵族也普遍反对启蒙思

▲ 俄国启蒙运动中，尼古拉·诺维科夫也是一位重要人物，他甚至因传播启蒙思想而被逮捕

想，法国大革命只是新增的一个考量而已。

最终，俄国的启蒙运动只影响了一小部分人，受其影响的人口比例小于法国、英国及欧洲其他国家，大多数俄国人的处境并没有得到明显改善。

俄国艺术学院

学院始建于 1757 年，始称"油画、雕塑与建筑艺术研究学院"，叶卡捷琳娜大帝将其更名为帝国艺术学院。这幅画是瓦列里·雅各比（Valery Jacobi）创作的，展现的是叶卡捷琳娜参加 1789 年学院新建筑的落成典礼时的情景。学院推动了新古典主义艺术的发展，并把很多学生送往欧洲学习。

狄德罗在俄国

应叶卡捷琳娜的邀请，这位著名的哲学家开始了俄国之行，但由于女沙皇口出狂言，此行留给他的印象并不好。

叶卡捷琳娜很希望人们把她看作开明专制的君主，为此她不惜一掷千金，与包括伏尔泰和狄德罗在内的法国最著名的哲学家交友。由于俄国统治者和实行压迫政策的法国统治者的态度迥然不同，哲学家们不吝送上赞叹："对俄国沙皇的印象，怎么说呢？我们要是能成为俄国的臣民就好了！法国只会迫害哲学家，而锡西厄人则在行宽仁之政！"伏尔泰致狄德罗的信中如是说道。

女沙皇叶卡捷琳娜对狄德罗尤为慷慨，把他的很多作品引进俄国，从而缓解狄德罗的经济窘境。狄德罗总觉得欠叶卡捷琳娜一份情，于是在1773年，年迈的狄德罗到圣彼得堡与叶卡捷琳娜会面。尽管女沙皇不止一次地称赞她所信奉的启蒙思想，甚至对哲学家们"执弟子礼"，但狄德罗对她的印象并不佳。他发现俄国在"长久的压抑之下"，"人人缄默，彼此猜疑，头脑中都是恐怖的回忆，可以说，与英国人和法国人所展现出来的那种自由、自信的精神风貌和高贵而率真的品性形成鲜明对比"。

狄德罗还写道："这里根本没有个人自由，地位高的人权力也更大，人的自然权利仍大大受限。"显然，他对这位开明专制的君主彻底失望了，不再认为她的统治术是成功的。

叶卡捷琳娜大概也和狄德罗一样失望了，她反

▲ 狄德罗感谢叶卡捷琳娜为他提供的资金支持，但他的圣彼得堡之行可谓乘兴而往败兴而归

驳道："你只是个哲学家，只管埋头著述，可以凭空产生无数思想；而我是可怜的孤家寡人，要应对明争暗斗，岂可不慎密？"

德国的启蒙运动

18世纪的启蒙运动给德意志诸国带来了新的观点，这些新观点所改变的，不仅仅是思想和文化。

琼·伍勒顿

从克里斯蒂安·托马修斯（Christian Thomasius）呼吁德国知识界用德语而不是拉丁语发表演讲，到伊曼纽尔·康德的《纯粹理性批判》提出的新的哲学挑战，德国的启蒙运动对德意志各国的思想、文化及语言均产生了重大影响。最终，启蒙运动带来的这些变化为一个世纪后德国的统一铺平了道路，可见影响之大。

与欧洲其他国家相比，德国的启蒙运动是在迥然不同的环境中开启的。当时法国和英国拥有可以如臂使指般调度全国的政府，而德意志还是各自为政的多个邦国的集合名词。当时的学术机构、法庭、报纸用的语言都是

▲ 伊曼纽尔·康德的怀疑主义影响巨大，改变了启蒙运动时期的思想观点

拉丁文，而德语以及德语言文学则被视为中下等阶级才用的语言和文学。统治阶级的艺术、建筑和文化无不以邻国法国为标准。

德国启蒙运动到来的标志是"要更像法国"。1687年，莱比锡大学教授克里斯蒂安·托马修斯发表演讲，号召他的同事也像邻国一样，在教学中使用自己的语言而不是拉丁语。托马修斯还每月发行一部小册子，上面都是宣传激进思想的内容，他还支持路德宗信徒和加尔文宗信徒之间的通婚，结果遭到了逮捕的威胁，被迫逃至哈雷，并在哈雷的大学里谋职。这使得托马修斯把他的思想传播到其他地区，而这种由于思想

▲ 在哈雷大学发表了有争议的演讲后，为了安全起见，克里斯蒂安·沃尔夫被迫离开德国

家的迁移而传播思想的模式，成为德国启蒙思想传播的重要途径，于是整个德意志大地上的人们都知道了启蒙运动。

或许是因为德国启蒙运动的发生环境不一样，德国启蒙运动的形式也与欧洲其他国家的不同。莱布尼茨在其中起了重要作用，由于他对宗教信仰之诚笃，他认为宇宙是上帝的完美之作。莱布尼茨认为，一切事物均由单子组成，这种单子不可见，但人与人之间是可以感知到的，人类对世界的感知也是靠单子。他的理论带有宗教色彩，容易滑向神秘主义，而与欧洲其他国家的启蒙运动相比，这种神秘主义在德国的启蒙运动中发挥了更为重要的作用。

莱布尼茨的思想开始流行不久，克里斯蒂安·沃尔夫（Christian Wolff）提出了一个理论：仅靠人类的理性就可以发现道德真理。沃尔夫致力于用科学解释神学信仰，他的课吸引了很多人，但在1723年，他还是激怒了哈雷大学校方，不得不离开学校所在的邦国，违则处死。他只好到德意志其他邦国教学，这其中包括黑森-卡塞尔（Hesse-Kassel），他在那里的马尔堡大学（Marburg University）的演讲照样吸引了很多学生。沃尔夫还在欧洲广泛游历，向他人介绍自己的思想，同时吸收新的思维方法。

随着新思想在欧洲大陆的传播，德国文学中亦可见启蒙思想的影响。歌德受过法学的训练，但在与赫德（Johann Gottfried Herder）会面后，赫德鼓励他吟诵德语诗歌。受此鼓舞，歌德对文学创作充满了激情。歌德也深受包括卢梭在内的法国哲学家的影响——卢梭主张，没有了情感，一切知识将无所依傍。1774年，歌德发表了小说《少年维特之烦恼》，作品甫一出版即引起轰动，歌德也成了名人，在整个欧洲大陆都有了一席之地。他是德国文学"狂飙突进运动"

▲ 图中是康德和德国启蒙运动时期的其他思想家，如克里斯蒂安·雅各布·克劳斯（Christian Jakob Kraus）、约翰·格奥尔格·哈曼（Johann Georg Hamann）

（Sturm und Drang）阶段的核心人物——在欧洲其他国家启蒙运动接近尾声时，德国正"狂飙突进"。

那些曾让位于启蒙的激进思想，如今自身也要面临审查。1781年，伊曼纽尔·康德出版了《纯粹理性批评》，该书检讨了感知与实体之间的关系，在思想家中产生了颠覆性的影响。某些最著名的启蒙运动理论认为，人的理性可以为自然立法。康德的观点是，人类的思想创造了人类的经验。康德的先验观念论意在弥合唯理论与经验论之间的鸿沟，但也以某种方式终结了启蒙运动的思维方式。在1784年的论文《什么是启蒙？》中，康德为德国的启蒙运动命了名（Aufklärung）。由于康德的怀疑主义和对经验论的挑战，受此影响的欧洲大陆的哲学家产生了一系列新思想。

但德国的启蒙运动的影响所及仅为德意志诸国。随着对德语、德语文学的日益强调以及德国音乐传统开始对整个欧洲的艺术产生影响，在一定程度上塑造了民族认同，最终，1871年，德意志宣布统一。德国的启蒙运动的重要贡献是开启了新的思维方式，同时也让德意志人民产生了越来越强烈的民族认同感。

▲ 克里斯蒂安·托马修斯呼吁知识界和学术机构用德语主持宗教仪式

"狂飙突进运动"

简而言之，这时期艺术上的突出特征就是突出奔放的感情，这是这个时期德国文化的主调。

当情感成为艺术的主调时，德国"狂飙突进运动"应该说是最引人注目的运动。"狂飙突进"的意思是"发狂、重压""发狂、冲动"，在文学和音乐中的表现尤为突出，这种艺术风格的目的就是让受众有震惊感。

"狂飙突进运动"的支持者认为，唯理论和经验论都不足以解释人的处境问题。他们认为，只有极端的情感表达才能暴露出真相。"狂飙突进运动"的艺术作品中的主角往往都面临严峻的难题，解决之道多是诉诸狂怒冲动、激越昂扬。

这其中最著名的作品要数歌德的《少年维特之烦恼》，这部小说以友朋通信的方式讲述了主人公的故事，最终以悲剧收束。维特爱上了绿蒂，而绿蒂又同他人订了婚。最终绿蒂嫁给了未婚夫，而维特则自杀了。该书情感浓郁，语言颇能打动人心，因而对青年影响很大，不少青年效仿维特的衣着和行为，甚至像维特那样自杀。其他著名作品包括弗里德里希·席勒1781年创作的剧本《强盗》（Robbers），演出时引起了观众的强烈反响，作者也因之成名。

到18世纪末，"狂飙突进运动"让位于强调新人文主义的魏玛古典主义。

▲ 歌德的小说《少年维特之烦恼》出版后大受欢迎。这是小说出版后，乔治·梅尔希奥·克劳斯（Georg Melchior Kraus）所画的歌德像

▲ 社会艺术家尼古拉斯·德·拉吉莱勒（Nicolas de Largilliere）1724年绘制的年轻时的伏尔泰

伏尔泰与启蒙运动

伏尔泰可以说是法国最著名的哲学家，
终其一生，人们对他的评价都是毁誉参半。

梅拉妮·克莱格（Melanie Clegg）

尽管几百年来古希腊时期的哲学家和知识分子已享大名，但其受尊崇的程度仍不能与启蒙运动时期的哲学家和知识分子相比。《百科全书》（Encylopédie）的作者们都是文学界的耀眼明星，科学家们也是国王的座上宾，贵妇则争相以邀请到最著名的哲学家参加她们的沙龙为傲。对于某些学术机构和作者，大众会不屑一顾，而有的哲学家则陶醉于公众的关注之中，充分享受着他们的名人地位，有些时候，这种地位还会让他们名利双收。

在那些一辈子都汲汲于大众关注的哲学家中，就有伏尔泰。伏尔泰于1694年出生，本名是弗朗索瓦-马利·阿鲁埃（François-Marie Arouet）。伏尔泰对宗教的看法是有争议的。他曾发文谴责年幼的路易十六的摄政王奥尔良公爵（Duc d'Orléans）与自己女儿的乱伦行为，结果，1717年，王室和政府不得不把伏尔泰投到令人毛骨悚然的巴士底狱，他在那里被关押了近一年。

伏尔泰出生于富裕的中产阶级家庭，曾在巴黎著名的路易勒格朗（Louis-le-Grand）中学——这所学校的校友有罗伯斯庇尔和德穆兰（Desmoulins）——学习，由耶稣会（Society of Jesus）会士授课。起初，伏尔泰想成为一名法官，但后来又想当作家。和启蒙运动中的其他伟大的思想家一样，伏尔泰也受过良好的教育，人极聪颖且博学多识，对从文学艺术到神学科学的许多领域的问题均有浓厚的兴趣。

伏尔泰起先想成为一名剧作家，在其剧作获得毁誉参半的评价之后，伏尔泰的兴趣多了起来，开始写诗、写书、写论文，在他长寿的一生中，他写遍了几乎所有文学形式的作品，且数量可观，足见伏尔泰知识之广博。尽管他的作品涉及很多主题，但他最看重的价值是自由，不管是

▲ 阿道夫·门采尔（Adolph Menzel）的画作，描绘的是腓特烈二世和他的朋友们——其中包括伏尔泰——在桑苏西（Sanssouci）晚宴时讨论最近的启蒙思想时的情形

挣脱天主教会束缚的自由还是摆脱专制君主管制的自由，他认为，天主教会的束缚和专制君主的管制都给法国人民带来了压迫和残暴的统治。他还大声疾呼言论自由。

1726年，伏尔泰再一次被投到巴士底狱，出狱后，他被流放英国，在那里又待了两年半，其间创作了大量作品，并推崇莎士比亚、君主立宪、英国对信仰和言论自由的宽容——这种宽容程度显然是法国统治阶层掌控之下的法国不能比的。伏尔泰待在伦敦的这段时间对他一生都有深远的影响，特别是，其间他有机会融进英国的知识界圈子，得以结识艾萨克·牛顿、乔纳森·斯威夫特（Jonathan Swift）、蒲柏（Alexander Pope）及其他有影响的文化思想名流。

伏尔泰回到法国后，立刻伏案疾书，写出了

▲ 伏尔泰的作品多种多样

艾米丽·杜·夏特莱

尽管法国启蒙运动的著名人物都是男性，但在哲学和科学领域，女性也开始崭露头角。

夏特莱夫人出生、成长于巴黎的知识分子之家，因而受到了全面而完善的教育，而当时的女子很少受到这样的教育。她天资聪颖，是巴黎最有名的沙龙的常客，她在那里结识了许多哲学家、科学家和作家。她对科学特别是物理学着迷，于1740年出版了《物理学基础》（Institutions de Physique）一书，竟然大获成功，被翻译成好几种语言，她也因之声名鹊起。她也因将艾萨克·牛顿的《自然哲学的数学原理》一书译为法语而著称，该译本迄今仍不失为标准的法文译本。在该译本中，她还对牛顿的思想——其中包括牛顿开创性的动能理论——进行了点评。夏特莱夫人与伏尔泰的关系始于1733年，当时她刚生下第三个孩子，二人保持了十多年的良好关系。她后来与诗人让·弗朗索瓦·德·圣-兰伯特（Jean François de Saint-Lambert）有染，她在42岁时因难产而去世，她和伏尔泰的关系也走到了尽头。

▲ 艾米丽·杜·夏特莱是那个时代一位伟大的思想家

▲ 1791年,伏尔泰的遗骸迁厝于新落成的巴黎先贤祠中,人们衔哀恭迎,场面极为隆重

尽管伏尔泰在巴黎不受欢迎,但他仍密切关注最新的消息和学术进展。

《英国书简》(Letters on the English),这是书信体散文合集,是对英国宗教和文化生活的方方面面的观察与思考。此书信集并不全是对英国的赞美,但书中展现的是一个自由的英国,其对宗教的态度、英国的君主立宪制的优越性,都与法国波旁王朝的专制君主制、天主教的束缚形成鲜明对比,因而该书很快被禁,每一册都要被没收、烧毁。为了不被再次投到巴士底狱而受缧绁之辱,伏尔泰被迫再次离开巴黎。

几年后,伏尔泰认为自己可以返回巴黎了。与此同时,他仍勤于写作,与欧洲一流的思想家保持通信,还和未来的腓特烈大帝保持联系,这位未来的腓特烈大帝当时对法国哲学家钦慕不已,还密切关注欧洲启蒙运动的最新进展。

但伏尔泰无法回到巴黎,只好与他的情人艾米丽·杜·夏特莱(Émilie du Châtelet)同居于她的乡下庄园。其时的夏特莱夫人已婚,是三个孩子的母亲,她是颇有天赋的数学家、作家和物理学家。尽管伏尔泰还不习惯乡下的生活,但在夏特莱夫人的鼓励下,仍写出了这时期最好的作品。夏特莱夫人不仅是伏尔泰的情人,简直是伏尔泰的灵感之源和合作者。他们建了一座规模不小的图书馆,藏书逾2.1万册,还在夏特莱夫人的实验室一起做科学实验。他们都对艾萨克·牛顿的理论着迷，受牛顿理论的启发，伏尔泰写了《牛顿哲学原理》（*Elements of Newton's Philosophy*）一书，这是向法国大众传播牛顿思想的小册子，而夏特莱夫人则将牛顿的《自然哲学的数学原理》从拉丁文译为法文，以便科学爱好者使用。

除了科学，伏尔泰和夏特莱夫人还都对神学、哲学、历史感兴趣，他们一起分析了《圣经》，结果是伏尔泰更加蔑视宗教，更加痛恨迷信，他认为迷信是理性的天敌，是启蒙运动的拦路虎。他们都对知识如饥似渴，都致力于向世人普及那个时代令人振奋的最新的思想，二人可以说是启蒙运动中的神仙眷侣——不仅是身体上的吸引，还有精神上的交融。遗憾的是，随着1749年夏特莱夫人因难产而去世，这种亲密关系永远地画上了休止符，只剩下茕茕孑立的伏尔泰。

夏特莱夫人去世后，伏尔泰曾短暂地回到巴黎，但他发现，此时的巴黎，对他的敌对一如既往。他很快就离开了巴黎，东行至普鲁士，在那里受到了他的朋友同时也是他的赞助者腓特烈大帝的欢迎，后者曾授予他宫廷的职位，并安排他在夏洛滕堡（Charlottenburg）宫居住，此外还有一大笔薪酬。对伏尔泰来说，更重要的是，他享受到了法国没有的思想自由。

尽管伏尔泰认为君主们天生就是腐败制度中的一环，但如果君主们念兹在兹的是为民众谋福祉——特别是教育，因为教育可以帮助民众走出蒙昧，淑世淑人，那么，在这种情况下，君主们又是可以被宽恕的。

尽管伏尔泰在巴黎不受欢迎，但由于和"文人会"（Society of Men of Letters）的其他成员保持密切通信，他仍密切关注最新的消息和学术进展。文人会是狄德罗和达朗贝尔（Jean le Rond d'Alembert）在编纂《百科全书》时，为

一位有影响的思想家

哪些理论促使孟德斯鸠成为一名著名的哲学家？

孟德斯鸠是启蒙运动时期最伟大的政治哲学家之一，他认为，人们应当受到启蒙，以摆脱偏见和无知，获得解放。孟德斯鸠的思想也对政府的组织方式有重要影响。

孟德斯鸠憎恶专制统治，他认为，如果在君主和政府之间有权力平衡，就可以避免专制统治，这是他日后政治理论的一个基础。他认为，要做到这一点，有必要保留贵族阶级，他还将英国宪法视为权力平衡的成功案例。但他也担心，可对君主形成牵制的贵族阶级的影响力已式微。

孟德斯鸠的许多著作都反映了他的信念，但最著名的当数出版于1748年的《论法的精神》一书。在该书中，他扩充了他的政治学论题，提出了权力分立的理论。他意识到，政府权力有两类：主权和治权。

孟德斯鸠认为，后者——由行政权、立法权和司法权组成——应当分开，相互依存又相互制衡。他的著作对当时和现代政治理论都影响甚巨。

▲ 孟德斯鸠是著名的法官、作家和政治哲学家

▲ 暮年的伏尔泰已是全欧洲的大名人,这幅画就表现了这点:伏尔泰在参加他的一部戏剧的演出时,被戴上了桂冠

联络其150名作者,于1751年成立的。

伏尔泰对编纂《百科全书》这项工程倍感兴奋,并为其撰写了26篇文章,内容是历史、哲学和文学方面的。编纂《百科全书》过程中的通力合作,是启蒙运动中的一个重要事件,因为它为了一个共同的目标把法国知识界最优秀的人才汇集到了一起。对于无法回到巴黎的伏尔泰来说,这使得他仍能和朋友保持联系。

伏尔泰到柏林两年后,他与腓特烈大帝的关系破裂了,这时他希望能回到巴黎。但他发现,路易十五已发布禁令,伏尔泰不得回到巴黎,于是伏尔泰开始了漫长的欧洲之行,最终定居在瑞士日内瓦。伏尔泰曾对法国的不自由、政教两界的专制进行了批判,如今,他被放逐,去父母之邦,反而印证了这些批判意见:只因为他敢于公开批判政教两界,政教两界才会合谋将其驱离。想到此,虽不免思乡之情,他也只能报以苦笑。

在瑞士,伏尔泰完成了他最为人知的讽刺小说《老实人》(Candide: or Optimism),这是一部成熟的小说,描写的是从小即深受哲学家莱布尼茨乐观主义的决定论影响的年轻人走向幻灭和怀疑的过程。莱布尼茨的理论认为,世人所生活

伏尔泰认为上帝创造了世界,却任由这个世界自行运转,证据就是世间的各种弊端。

的世界是上帝在所有可能存在的世界中挑选出来的最好的一个,简直就是伊甸园。故事中的主人公并不知道世间之险恶,直到他开始了史诗般的旅程,他原本持有的乐观主义才逐渐消蚀,最终,他对人类的生存状态持愤懑的态度。这反映了作为自然神论者的伏尔泰的观点,他认为上帝创造了世界,然后就任由这个世界自行运转,其证据就是世间之种种弊病、自然灾害(如1755年里斯本大地震)等。

尽管这部小说的笔调轻快易懂,但这部小说还是难掩伏尔泰对教会和当权统治者的厌恶态度,因而在1759年出版后没多久就以亵渎上帝、煽动叛乱等理由而被禁。但还是太晚了。尽管《老实人》在发行时为避开审查而小心翼翼,但该小说的出版,还是引起了轰动,结果大受欢迎,这也说明了这部小说不可能被完全查禁。

《老实人》的大受欢迎,反映了启蒙运动期间读者越来越喜好哲学风格的文学作品。一般说来,这些读者或许会对此类书籍感到恐惧,但到18世纪中期,法国当局禁止发行、扣留书籍的努力失败,足以表明他们正失去对局势的控制。令人难以置信的是,这部小说本应在路易十六继位后才被允许发行,但在伏尔泰死后不到50年,整个法国都可以买到这部小说,法国的沙龙和咖啡馆都在公开谈论这部小说。

《老实人》大获成功,受此鼓励,伏尔泰又创作了另一部巨著《哲学辞典》(*Dictionnaire philosophique*),这是他多年写作的作品积累的结果,而且对伏尔泰来说,这部书可以说是他的代表作,是他最好的作品。1764年,该书第一版匿名出版,内中包含73篇按字母排序的文章,表明了伏尔泰对道德、善恶、上帝、宗教等问题

关于上帝的一种新观点

启蒙运动时期,讨论最多的一个话题就是关于上帝存在以及上帝对他所创造的世界的干预程度的问题。

自然神论是一种哲学信念,认为上帝虽然存在,并且创造了天地万物和我们所处的世界,但对世间的事务毫无兴趣,奇迹也好,灾难也罢,与上帝无关。对自然神论的哲学原则的讨论,实际上从古希腊时期就开始了,其最著名者当属赫拉克利特,但直到启蒙运动时期才成为显学。当时伏尔泰等知识分子对宗教机构的贪污腐败和迷信极为失望,因而挑起了对这个问题的讨论。他们也意识到这种观点与当时的科学发现不免龃龉凿枘,之所以仍提倡自然神论,不过是为教会控制下的白丁阶级提供一个怀疑的机会而已。

◀ 世界是由自然法则所支配的,牛顿的研究结果支持了这一观点

▲ 伏尔泰和夏特莱夫人不仅是十多年的情人,也是合作者

▲ 藏于牛津大学的讽刺小说《老实人》1759年首版的复印件

▲ 人们在沙龙里讨论伏尔泰的作品

▲ 伏尔泰享年83岁

的看法。此书的写作，是受到了伏尔泰曾为之撰写词条的《百科全书》的启发，但伏尔泰认为，《百科全书》部头太大，普通读者会望而却步。于是他决定自己写一部书，内容尽可能简短，开本尽可能小，甚至出版时有意设计为口袋书，正如伏尔泰所说的，"革命的材料就应该小到群众能够搬来搬去"。

总之，伏尔泰是想让他的这部书便于使用，读来有趣。但在过去，知识分子往往认为自己的思想太重要、太宝贵，无论如何都不会因大众的不理解而湮灭无闻。但启蒙运动改变了一切，作者和学者都迫不及待地和所有人分享自己的理论，尤其是伏尔泰，他的《哲学辞典》简直就是金针度人，它教给读者如何把复杂的主题用鲜活的、吸引人的方式写出来，在对天主教会和君主制进行批判时，他采用的是普通读者都能联想到的方式，但又提示读者要宽容。和《老实人》一样，该书也大获成功，但在法国，该书遭到封禁，被公开烧毁，这只能使人确信：伏尔泰对法国缺乏言论自由的批评，是完全正当的。

1778年2月，伏尔泰终于获准回到巴黎。从他上次被迫流亡开始，他已在外漂泊了25年之久。三个月后，伏尔泰去世，享年83岁。据说弥留之际的伏尔泰仍在谴责天主教会。由于他对天主教的观点，他不被允许用天主教之礼在首都安葬。因此，他只能被秘密葬于别处，直到1791年，他的遗骸才被迁回巴黎，在其母校路易勒格朗中学旁的先贤祠的落成典礼上，被隆重下葬。终其一生，伏尔泰都被指控为异端、煽动叛乱、亵渎上帝，而在新生的革命政权下，他又被颂扬为英雄，因为这个新生政权正忙于废除寄生虫般、腐败的、压迫人的旧政权，那个伏尔泰终身憎恨、一刻也没有停止谴责的旧政权。

▲ 巴黎先贤祠内，伏尔泰及法国其他著名人物长眠于此

普蔻（Procope）咖啡馆

普蔻咖啡馆位于巴黎市中心，许多启蒙运动的人物多次光顾这家咖啡馆，如图中的画像所示。伏尔泰旁边的是美国革命者托马斯·杰斐逊和本杰明·富兰克林，还有狄德罗和卢梭，他们都曾是这里的常客。此咖啡馆实为启蒙运动的文化中心。

法国大革命

在推翻君主制、建立共和国的过程中，启蒙思想扮演了什么样的角色？

梅拉妮·克莱格

▲ 在大革命之初，人们考虑的方案是君主立宪，但当1792年8月杜伊勒里宫被暴民占领，王室成员被投入监狱之后，这个方案自然被弃之如敝屣。

受到启蒙影响的革命者

法国大革命时期，
所有重要人物的一个共同点就是彼此尊重，
且都尊重源于启蒙运动的思想。

罗伯斯庇尔

马克西米连·罗伯斯庇尔（Maximilien Robespierre）是瑞士哲学家让-雅克·卢梭的死忠粉。和卢梭一样，罗伯斯庇尔也是自然神论者，尤其赞成卢梭的如下观点：每个人的终极目标都是实现完善的品德。

米拉波

米拉波（Honoré Riqueti, Comte de Mirabeau）是为数不多的具有自由思想的贵族之一，是大革命初期的著名人物。他是孟德斯鸠的崇拜者，力主在法国实行君主立宪制。

奥兰普·德古热

奥兰普·德古热（Olympe de Gouges）是剧作家、思想家、人权提倡者和早期女权主义者，于1791年出版了《女权宣言》（Declaration of the Rights of Women）一书。由于公开批评罗伯斯庇尔和雅各宾派，她于1793年被捕，并被送上断头台。

圣茹斯特

路易·安托万·德·圣茹斯特（Louis Antoine de Saint-Just）深受伏尔泰影响，甚至还模仿伏尔泰的文风。此外，他还受到了他偏爱的古罗马作家的影响，创作了长篇史诗《奥尔冈》（Organt），无情鞭挞了教会和君主专制下的贪污腐败现象。

罗兰夫人

罗兰夫人（Jeanne Manon Roland）是最著名的女性知识分子之一，是大革命时期巴黎最著名的沙龙女主人之一。尽管她本人没有成为政治家，但她仍是吉伦特派最有影响力的成员之一。

▲ 巴士底狱被攻陷，是数十年来君主专制和天主教会钳制下所累积的不满集中爆发的结果，当然，也少不了启蒙哲学家们的著作的"煽动"

欧洲的思想家们正兴奋地交流着启蒙运动的新思想，他们的理论渗透到社会的各个角落只是时间问题。在整个18世纪，文学发展迅速，特别是在妇女和工人阶级中，文学作品的销量增长很快。在过去，大多数家庭除了皱巴巴的《圣经》外，没几本其他读物，如今，他们也开始购买书籍。

所有阶级，不分男女，都如饥似渴地读着最新的出版物，听演讲，相约讨论最新的、令人振奋的科学发现和哲学思想。结果是，他们开始了对现状的不满，最终公开反叛，这是再自然不过的了。不消说，那些想要低等级的人安于现状从而保住既得利益的政教两界，对著名法国哲学家的著作该是多么痛恨，因为这些哲学家都在批评现政权，他们大部分还都是自然神论者，至少也是对上帝是否存在持存疑态度。

1751年至1772年，狄德罗开创性的《百科全书》在法国陆续出版，深受读者喜爱，但却惹怒了当局。该书的撰稿人被指控为煽动叛乱、亵渎上帝。当局尤为关注伏尔泰，因为他反对现政权，公然蔑视君主制和天主教。伏尔泰则希望所有阶级的人都能读到他的书，甚至有意把他的《哲学辞典》印成可装在口袋里的小开本的形式。

和伏尔泰同时代的让-雅克·卢梭同样热切地希望与读者建立密切的关系，而且和伏尔泰一样，他也发表过形式各样的作品，如小说、专著甚至自己的回忆录，以期自己的思想能为大众所理解。过去的哲学家则不然，他们往往自认为是上智，而视民众为下愚，对自己所在的小圈子之外的任何人，都没有兴趣。如今，他们都想让自己的思想广为传播，鼓励批判性思维，鼓励辩论，而批判性思维和辩论自然是教会和现政权想要极力压制的。

伏尔泰和卢梭都受到迫害，被迫离开法国数年之久。不过，尽管政教两界尽了最大的努力，还是无法完全禁止他们的著作在法国国内的传播。他们都被誉为自由的捍卫者，卢梭在《百科全书》中关于政治经济学的词条的开头如是写道："人生而自由，却无处不在枷锁之中。"这句话读来令人心潮澎湃，对1789年之前的几年里的整个法国的读者影响尤为深远。

对卢梭和伏尔泰影响最大的哲学家之一是约翰·洛克。洛克卒于1704年，被很多人誉为"自由主义之父"。那些激烈批判波旁王朝的专制主义的法国哲学家尤其感兴趣的是洛克的共和主义，即政府应由民众选出，政府的最重要的目标不是控制、压迫民众，而是要改善他们的生活，使他们各得其所，从而在公民中培育出一种道德责任感。洛克还认为，君主不能因为出身就应被授予绝对的权力，而应采取君主立宪制，应通过社会契约的方式确立君主和政府共事的原则。

那个深居凡尔赛的法国君主，根本不知道人民的意愿，还在为贵族阶级谋取财富。伏尔泰和卢梭的朋友同时也是他们的赞助者普鲁士的腓特

最高主宰崇拜

一旦法国大革命的革命者们废除天主教会，他们就要发明另一个足以代替教会的东西。

当1789年法国大革命爆发时，在整个法国，天主教会普遍不受欢迎，伏尔泰、狄德罗和卢梭批判教会的著作激起了人们对教会的憎恨。由于革命政府接连发布的几项立法，教会的影响很快就减弱、消失了，最终，法国成了一个彻底的去基督教的国度。

取而代之的是"理性教"（Cult of Reason）。这个"理性教"本来是主张以人类为中心的无神论的一种，但很快即被伏尔泰极力提倡的自然神论的思想所取代。这是罗伯斯庇尔凭空想象出来的，他对伏尔泰的那句话熟记在心："假如上帝确实不存在，那么就有必要创造一个出来。"1794年5月，"最高主宰节"被正式确立为国教，一个月后，在巴黎举行了庆祝仪式，罗伯斯庇尔和艺术家大卫精心策划了这个极尽铺张之能事的庆典。但公众对这个宗教并没有多少

▲ 1794年6月，在巴黎战神广场（Champ de Mars）举行的由罗伯斯庇尔主导的"最高主宰节"

兴趣，1794年7月罗伯斯庇尔被处死后，这个宗教也悄无声息地淡出人们的视野，最终被人遗忘。

▲ 尽管路易十六对哲学感兴趣，但他还是无力阻挡革命的发生

▲ 18世纪80年代后期的讽刺画，反映的是一名普通人需要负担教士和贵族的日常开销

烈大帝却在用他的权力为民众谋利益，法国的思想家在论说君道时就经常举腓特烈的例子，认为法国国王昏聩、自私、腐败。

洛克的政治理论之所以能得到法国读者的回应和引申，应归功于令人尊敬的哲学家孟德斯鸠。孟德斯鸠也认为，最好的政治制度是开明的君主立宪制。在其1753年版的代表作《论法的精神》中，他甚至认为，对某个实体或个人来说，如果他们掌握了全部统治权力，将是危险的，因为他们有可能为权力所腐蚀，成为暴君。孟德斯鸠认为，政治权力应分由不同部门掌握，他们权力相同，可防止其他部门掌握全权。

法国的思想家极为推崇英国的制度，因为英国的政治事务被一分为三：王室、议会和法务部门，任一部门都要向其他二者负责，同时又各自独立开展活动。这一制度看来比法国的政治制度要合理得多，因为在法国，所有的权力都集中于君主、教会和贵族，因而影响也更大，大到不合理的地步。尽管人们可以自由地甚至猛烈地批判法国的政治，对于更为合理、民主的制度应采取什么样的形式的讨论也不少，但对于废除君主制是否会变得更好这个问题，则讨论甚少。但用不

洛克的政治理论在法国读者中引起了反响,并得到进一步引申。

了多久,形势就发生了变化。

当哲学家们在激烈地批判波旁王朝的国王时,天主教会也未能幸免,因为天主教会不仅在经济上压榨法国人民,还要在精神上控制他们。只要教会的恶劣影响没有消除,法国人民就不可能获得真正的思想自由和人身自由。

尽管哲学家们憎恶君主制,但他们认为,在宪法制度下,君主仍可保留,只要给他们设限就可以。很多人认为,教会就不必保留了,但孟德斯鸠等人认为,在权力分立的前提下,教会也可以保留,因为权力分立,最终是可以限制教会的影响的,可以使教会向人民负责。就伏尔泰和卢梭等人而言,天主教会是腐败的、不公平的制度的渊薮,正把他们热爱的法国引向深渊,理应被他们所提倡的自然神论取代。

在大革命期间,这一点终于实现了:1794年,罗伯斯庇尔把取代了天主教的新的宗教命为"最高主宰崇拜",并宣布其为法国的新国教。在法国大革命到来之前的几年里,在那些讽刺性的人物漫画里,神父即淫棍,修女即荡女,主教形同小丑,这些漫画消除了人们对教会所剩无几的信任,正如谴责玛丽皇后和路易十六私生活的诽谤性的小册子,消磨着人们对君主制的最后一点尊重。

当1789年大革命终于到来时,一开始还是一种受信奉自由原则的狄德罗、伏尔泰、卢梭等哲学家的著作影响的理想主义行动,而洛克和孟德斯鸠的政治理论为全新的、更为完善的君主立宪制打下了基础。但这一切注定走不远,到1792年夏即戛然而止。大革命中呼之欲出的新政治家,如罗伯斯庇尔、丹东、圣茹斯特等,都

▲ 孟德斯鸠关于如何建立一个公正自由的政府的著作,使早期的革命者深受启发,尽管没过多久,他提出的原则就被抛弃了

受过良好的教育,是技巧娴熟的演讲家,愿意像他们的哲学家前辈那样为所有人的自由而奋斗。

罗伯斯庇尔和圣茹斯特尤其推崇伏尔泰和卢梭,但伏尔泰和卢梭都在1789年大革命爆发前好几年就去世了,且二人是同一年去世的,但他们的影响犹在。二人都得到了官方在先贤祠为他们举行隆重葬礼的待遇,各种纪念碑上都有他们的名字。罗伯斯庇尔尤拳拳服膺卢梭,把卢梭的学说作为他本人的思想体系的核心内容。卢梭认为,公共福祉(common good)而不是集体运动可促使个人为了法国人民的共善而开展合作。

卢梭、伏尔泰等思想家对法国大革命时期的青年人产生了深远的影响,只是后来,大革命走向了暴力,伏尔泰和卢梭倘若地下有知,定会惊骇不已。

意大利的重生

意大利各国为数不多的思想家为作为现代社会之基的
自由思想打下了基础。

要说1861年之前的意大利是个统一的实体，并不符合事实，也无助于讨论。意大利诸城邦国的各个政权构成了一道思想和文化上的七彩之虹，当然，不同国度的文化有时也会有冲突。威尼斯不仅是举世闻名的商业发达之地，还以拥有坚定的共和主义传统而著称。佛罗伦萨城邦国是由美第奇家族统治的，是艺术和思想的国度，是引领欧洲近代史的文艺复兴的发源地，也是米开朗琪罗、达·芬奇和马基雅维利的家乡。

但是，到了18世纪，和信奉天主教的欧洲大部分国家一样，意大利各城邦国也陷入了危机。西班牙王位继承战争撕裂了欧洲，好几个王朝的领土四分五裂，意大利南部诸城邦国落入波旁王朝的统治之下，而北部诸城邦则落入奥地利哈布斯堡王朝之手，统一的意大利的观念更是无从谈起。

战争的一个明显后果就是欧洲大国的地位发生了变化。新近完成统一的新教国家英国海军实力强大，西班牙和传统的意大利海上共和国热那亚和威尼斯就相形见绌了，不再拥有海上优势。

另一方面，天主教地位也岌岌可危。英国已改革了政治制度，引入了议会制、君主立宪制和现代经济；而天主教国家则倾向于专制，武器装备又陈旧，只能奋起直追。

对于思想家和激进主义者来说，危机也是机遇。在那不勒斯，经济学家费迪南多·加利亚尼（Ferdinando Galiani）于1751年出版了《论货币》（On Money）一书。和1776年才出版的亚当·斯密的《国富论》一样，加利亚尼的经济学观点是革命性的，特别是在1764年的大饥荒重创了那不勒斯之后——那场饥荒暴露了那不勒斯社会普遍存在的腐败现象。加利亚尼主张用"受管控的通货膨胀"来控制货币和商品的流通。除了改革政治制度，还要改革甚至废除全部

切萨雷·贝卡利亚

这位著名的人物改变了关于犯罪及惩罚的思想。

许多启蒙运动的人物关注的是如何改革经济和政治制度，而切萨雷·贝卡利亚（Cesare Bonesana-Beccaria, Marquis of Gualdrasco and Villareggio）关注的则是司法制度，认为当时的司法制度是不公平的，根本不切实际。

他在伦巴第的帕维亚大学攻读法律专业，受教于他后来称之为狂热的宗教信徒的耶稣会会士，其后参加了位于米兰的知识分子的圈子——"拳头社"（Academy of Fists），并为《咖啡》（Il Caffè）杂志投稿。

在1764年出版的《论犯罪与惩罚》（On Crimes And Punishments）一书中，贝卡利亚指出，酷刑和过度刑罚不仅是野蛮的，也是不合逻辑的。在一个建基于自由意志的社会里，司法制度应当做到：只有对破坏约翰·洛克、让-雅克·卢梭、大卫·休谟等人提出的所谓社会契约至很严重的程度的犯罪施以惩罚，才能最大限度地维护自由意志。

贝卡利亚最具革命性的思想就是废除死刑。他的辩护理由至今仍为主张废除死刑者广为引用：人死不能复生；对于一个人的罪行，人们不可能找到能确证无疑地证明他犯罪的证据；死刑不过是"合法谋杀"而已。贝卡利亚卒于1794年，生前曾因法国大革命过于暴力、血流成河而郁郁寡欢。

▲ 切萨雷·贝卡利亚

封建制度，有这种想法的不仅有那不勒斯，还有米兰和君主制教皇国。然而，改革谈何容易？

加埃塔诺·菲兰杰里（Gaetano Filangieri）的论战集《立法的科学》（The Science of Legislation）虽为未竟之作，但该书的出版仍在很多方面对改革派产生了巨大的影响。菲兰杰里把该书视为对包括政治、经济乃至家庭关系及父亲的权威等在内的立法活动的指南。该书第一卷着重论述了立法科学的一般原则，可谓《美国权利法案》之先声，据说本杰明·富兰克林也受此影响。

但是，启蒙运动中最易被忽视的一个现象就是罗马主导的天主教改革。启蒙运动思想家提出的最大胆的主张之一就是，教皇不应是跨越国家的君主，这是引发新教宗教改革运动的最重要因素之一。他们认为，教皇应当更多地发挥精神指导的作用，教会的组织应当采取"多个神父共同主持"（历史学家乌尔里克·莱纳语）的方式。这是罗马知识界最先提出的主张，之后在整个欧洲天主教界极为流行。英国尤其如此，莱纳即指出，英国的天主教徒"受到了指控，称他们是教皇这个外国暴君的臣民，为此他们不得不为他们的忠诚做辩护"。

1773年，教皇克雷芒十四世发布通谕《我们的上帝和救主》（Dominus ac Dedemptor），解散了耶稣会，这可以说是教廷做出的最大让步之

▼ 特莱维喷泉建于意大利启蒙运动时期

一。由于耶稣会会士与君主制教皇统治期间的种种恶行脱不了干系，他们先是被其他天主教国家驱离，最后又被遣散。

尽管如此，到18世纪末，意大利各国基本上没有进行改革。出于对法国大革命的恐惧，英国对议会制做出了更大的改革，欧洲大陆各国的君主们害怕君主制就此终结，因而反对进一步改革。由于欧洲接连发生饥荒，战争不断，君主们无不担心会爆发农民起义，但农民起义从来没有爆发。

有人认为，意大利的启蒙运动基本上是失败的。但不管怎么说，在18世纪，意大利毕竟

▲ 教皇克雷芒十四世解散了耶稣会

▲ 那不勒斯哲学家加埃塔诺·菲兰杰里

产生了许多重要的思想家和作家，意大利也发生了一些变化。直到19世纪，随着加里波第、拿破仑和国王维托里奥·埃马努埃莱二世（Victor Emmanuel II）等人的崛起，统一和改革问题才成为意大利各国的最重要的问题。

哈斯卡拉运动

一部分犹太知识精英热切地支持18世纪的哲学潮流。

乔恩·赖特（Jon Wright）

犹太人是"一个无知和野蛮的民族，他们长期以来将难填的欲壑、最可恶的迷信和对所有宽容并使他们致富的人们最隐秘的仇恨结合在了一起"。伏尔泰在1764年出版的《哲学辞典》中对犹太人如是恶毒地概括道。

有人认为，这只是伏尔泰为追求夸饰、讽刺的效果而对犹太人的怒斥。还有人认为，伏尔泰对他认为是过于教条的形形色色的看法都有抨击，他对犹太人的批评不过是其中的一种。不过，伏尔泰偶尔也会以稍稍温和的语调谈论犹太教，但更不能忽略的是，他对犹太人更多的是满腹牢骚。他还在其他著作中认为，所有的犹太人"有与生俱来的狂热心理"。

在自诩为"光明的时代"里，如此诋毁，的确非同寻常，这反映了对犹太人的敌对和偏见，这种态度经常陷欧洲的犹太人于公民权被剥夺、文化压制、资金中断、地理区隔之窘境。

克里斯蒂安·康拉德·威廉·冯·多姆（Christian Konrad Wilhelm von Dohm）曾向他的基督教同胞呼吁："犹太人在用另一种方式探寻上帝的恩典，他们理应被视为兄弟和同胞。"而像这样的观点简直是凤毛麟角。

尽管存在这样的态度和障碍，许多犹太知识分子还是从启蒙思想的积极趋势中看到了机会。

就连卢梭这样的思想家，尽管曾称赞过犹太教的韧性，但和其他思想家一样，他也认为犹太教与欧洲文化格格不入，犹如一个"孤零零的民族国家"。

▼ 摩西·门德尔松被誉为"柏林的苏格拉底",是哈斯卡拉运动的重要倡导者

沙龙里的活动

在18世纪德国和奥地利的知识分子的生活中,很多杰出的犹太女性扮演了极为重要的角色。

哈斯卡拉运动是当时声势浩大的运动,也是由男性主导的运动。尽管摩西·门德尔松的很多看法都是极为进步的,但在妇女学习知识这件事上,态度却相当保守。

这种男性至上主义并没有挡住由犹太妇女组织的中欧最有吸引力的知识沙龙的出现。柏林就是此类聚会的一个热点城市,像亨丽埃特·赫茨(Henriette Herz)和萨拉·利维(Sara Levy)即作为主人组织了有不少著名哲学家、艺术家和作家参加的沙龙活动。应邀参加沙龙的大多数是男性,犹太思想家和非犹太思想家之间的交流尽管是有限的,但仍是石破天惊。在维也纳,范妮·冯·阿恩斯坦(Fanny von Arnstein)主办的沙龙也颇为著名,参加者中有许多名流,如海军将领纳尔逊(Nelson)、威灵顿(Wellington)公爵、莫扎特等。

▲ 范妮·冯·阿恩斯坦被她的一位崇拜者誉为"最美丽、最高贵的女杰"

解放

16世纪是犹太人获得新自由的世纪。

哈斯卡拉运动往往与争取欧洲犹太人更多的权利和自由联系在一起,这是启蒙时代虽然时断时续但仍极为重要的运动。1753年,英国议会通过了允许犹太人归化的法令,使犹太人燃起了希望。遗憾的是,由于遭到强烈反对,法令通过仅一年后就被废除了。

在哈布斯堡王朝皇帝约瑟夫二世治下,在18世纪80年代,通过了一系列宽容法令,废除了犹太人在教育和贸易方面的一些障碍,但仍保留了一些限制性的措施。人们通常认为,是法国大革命使得犹太人获得自由,法国在1791年还颁布了解放犹太人的法令,成为里程碑式事件。

在接下来的几十年里,法国侵略军所到之处,又有类似的措施出台,如荷兰(其时称巴达维亚共和国)在1796年、威斯特伐利亚在1808年、普鲁士在1812年相继通过了这样的法律。在拿破仑之后的外交会议的讨论中,尽管威廉·冯·洪堡(Wilhelm von Humboldt)等人的主张获得了有限的支持,但并非所有的立法措施都通过了。

▲ 保护犹太人权利的倡导者威廉·冯·洪堡的塑像

他们就是被称为"哈斯卡拉"(Haskalah)运动的重要成员。广义的"哈斯卡拉"是指接受18世纪的重要哲学论题,如理性主义、自由探索等,致力于融入欧洲社会的运动。

有人认为,这将是整个犹太文化的复兴,是确保权利和自由的最佳方法。直到19世纪,对这一策略的优缺点还有争议,这一运动既给知识界带来了活力,但同时也加深了欧洲大陆对犹太人的隔阂。

传统的看法是,犹太启蒙运动的源头在普鲁士,主要是柯尼斯堡(Königsberg)和柏林。在那里,犹太知识分子和人数不断增多的中产阶级已在文化生活中扮演了重要的角色,但对摩西·门德尔松(Moses Mendelssohn)等人来说,他们还想有更为大胆的动作。他们认为有必要把犹太教定位为最高的理性信仰,鼓励犹太人从事科学探索和文学创作。他们鼓励犹太人使用当地通用的语言,不赞成使用意第绪语,因为门德尔松认为意第绪语"荒谬可笑、不合语法,是道德败坏之源"。

中欧版哈斯卡拉的倡导者更愿意强调:他们不想放弃他们的犹太文化遗产。相反,他们坚持认为,复杂的犹太历史正在被解开;他们还提倡学习德语,还努力改进《圣经》语言希伯来语,以期使犹太人重新使用希伯来语。他们当仁不让地开启了重塑犹太教的使命。这其中教育起到了重要作用。他们不满足于研习《塔木德》(Talmud),也不愿意限于拉比权威而不敢越雷池一步,而是提倡放宽视野,学习更为世俗化的课程,1778年的柏林免费学校的建立就反映了这一趋势。印刷物在其中也起到了极为重要的作用。

在18世纪80年代早期,门德尔松本人将《摩西五书》译为德文,产生了极大的影响;1783年,艾萨克·尤切尔(Issac Euchel)创

▲ 柏林是普鲁士哈斯卡拉运动的大本营。图为18世纪80年代的柏林

立了月刊《本我》（Ha-Me'assef），舆论开始吹响了哈斯卡拉运动的号角。在纳夫塔利·赫茨·韦塞利（Naphtali Herz Wessely）等人的努力下，戏剧、诗歌、小说、讽刺作品大量涌现。

对这场运动并非没有争议。面对欧洲的主流文化，哈斯卡拉运动同时追求的是两个目标：一为保存犹太教，一为犹太知识分子的"进步"和道德生活的"提升"。在有些旁观者看来，这很难达到平衡，特别是，激进的同化论者的目标会动摇传统的犹太教文化的根基。对古老的宗教仪式不那么看重，或服饰、举止完全按照主流文化，是否是明智之举？

有些犹太人对哈斯卡拉运动持批评态度，因为他们很快就发现，所谓融入主流社会以换取对犹太人广泛的权利和自由的承认，正是基督徒孜孜以求的目标。即使到了18世纪，那些对犹太人的处境表示同情的思想家中，很多人仍是以居高临下的姿态发表议论，表示要改善犹太人的处境，要让他们成为社会中"有用的"一员。

门德尔松的好友、德国剧作家、哲学家戈特霍尔德·莱辛（Gotthold Lessing）就想让犹太人按他们的意志实现"现代化"。约翰·托兰（John Toland）曾为英国和爱尔兰的犹太人的权利积极奔走，但他仍视犹太人的行为和宗教仪式为融入基督教社会的障碍。犹太社会内部也有人怀疑，哈斯卡拉运动是不是想按非犹太教信仰者设定的规则进行。特别是，当哈斯卡拉运动与东进中的启蒙运动不期而遇时，这种争论更是充满了敌意。

普鲁士可谓犹太教和启蒙思想的最佳交会点之一，但绝不是唯一的交会点。像门德尔松这样的先驱，要在普鲁士居住，并非难事。此外，像阿姆斯特丹、波尔多（Bordeaux）、里窝那（Livorno）等城市，长期以来对犹太人尚能平等对待。同样，我们也不能简单地认为哈斯卡拉运动的东扩至加里西亚（Galicia）、波兰立陶宛联邦、俄国等地仅仅是普鲁士的示范作用的结果。

中欧的这场运动当然是一笔重要的遗产。在19世纪，门德尔松的一名崇拜者即记下了这样一段话："他仿佛散着光辉，一道亮光照到了俄国和波兰的犹太人，于是，新的亮光将照到这里的犹太人。"在19世纪的头十年，也出现了共同的主题（如学校教育的作用、出版问题等），但乌克兰的利沃夫（Lviv）和俄国的运动领导人物艾萨克·贝尔·列文松（Isaac Baer Levinsohn）、约瑟夫·珀尔（Joseph Perl）、纳赫曼·克罗赫马尔（Nachman Krochmal）等，并不是仅仅消极地接受普鲁士的先行者的思想。

与此同时，他们所处的文化环境也明显

▲ 哈布斯堡王朝皇帝约瑟夫二世为改善其疆域广阔的帝国内的犹太人的处境做出了很多努力

不同。柏林没有明显的犹太知识界的传统，而在敖德萨（Odessa）、利沃夫、维尔纽斯（Vilna）、捷尔诺波尔（Ternopil）等城市，东部哈斯卡拉运动则风生水起。另一个重要的不同之处是：普鲁士的先行者反对用意第绪语学习知识，而在东部哈斯卡拉运动中，其领导人物往往不赞成普鲁士先行者们的这种态度，越是往东，对使用语言的问题的看法就越是通达，因为这里允许哈斯卡拉思想广为传播。中欧的哈斯卡拉运动消歇了很长时间，而在俄国的影响更为持久，直到19世纪也仍有重要影响，当然也是批评声不断。

哈西德派传统则强调以更为正统的方式应对现代化的趋势，这种对立的态度造成了接下来几年里犹太教改革派与正统派之间的冲突。主流哈斯卡拉的拥护者常常受到指责，认为他们破坏了犹太教传统的根基，但这种批评是夸大其词的。门德尔松或许把自己定位为现代德国哲学家，但他一贯主张：犹太人绝不能为了获得其他方面的公民特权而放弃践行信仰的权利。与此同时，列文松1827年出版了极有影响力的《对以色列的警告》（A Warning to Israel）一书，书中不厌其烦地把哈斯卡拉置于古代犹太传统之中。

我们也要注意，不可夸大哈斯卡拉对18世纪和19世纪犹太文化的影响：该运动影响所及，在很大程度上，只限于知识分子的圈子。随着城

▲ 纳夫塔利·赫茨·韦塞利为哈斯卡拉文学创作了很多作品

市化和工业化程度的不断加深，这些趋势同样影响了犹太教对现代世界的反应。哈斯卡拉无疑是知识激荡的时代最有趣的产物之一：它不单单是启蒙运动的一个支流或模仿，也是一场充满活力但又分裂的运动。

哈斯卡拉的拥护者们既想跨进那个排斥他们的那个时代的知识场域，又想从数百年前的犹太教理性传统中找到灵感。他们经常提及12世纪的犹太哲学家迈蒙尼提斯（Maimonides），把他视为伟大的先驱，非犹太启蒙者也是这样做的。

美洲

128 美国革命
134 本杰明·富兰克林
140 托马斯·杰斐逊
148 巴拉圭的革命
151 海地革命

美国革命

启蒙时代的思想对美国建国之父影响甚大，
并催生了美国的建立。

迈克·哈斯丘（Mike Haskew）

在启蒙时代，各种发现喷涌而出，哲学思想联翩而至，艺术和文学受到重视，科学水平不断提升，这些都对人类社会的方方面面产生了影响。借助"王权神授"和教会（特别是罗马教廷）实行统治的君主们，对人民的控制和剥削无所不用其极，而启蒙运动（又被称为"理性时代"）于君主们则是"反动"的，本身就是革命性的。

不过，启蒙运动最大、最持久的影响应该是对基本的人权及其对普通人的生活的意义的重新审视。《独立宣言》宣告英国在北美的13个殖民地脱离英国，托马斯·杰斐逊在起草该宣言时，无疑受到了启蒙运动的学者和哲学家的影响。

杰斐逊的例子并非孤案。美国独立运动中的杰出人物，如约翰·亚当斯、本杰明·富兰克林、托马斯·潘恩、乔治·梅森、詹姆斯·麦迪逊等，也都深受影响。从他们的演讲、通信及新国家的立国规模中，都可看出这种影响。

美国人对启蒙运动的看法，很大程度上是由那些未来的革命领导者早年的教育经历塑造的。大学教授在课堂中介绍了那个时代欧洲的杰出人物艾萨克·牛顿、约翰·洛克、让-雅克·卢梭、孟德斯鸠、伏尔泰等，其影响不容否认。

青年时代的亚当斯曾在哈佛大学接触到启蒙思想，在许多领域，特别是数学、天文学、哲学，每有新观点出来，他都为之兴奋不已。他写道，这些领域的"最新进展"已成为当前时代与以往时代的分界线，在展现"现代天才的真实的

托马斯·杰斐逊受到了欧洲学者和哲学家的影响。

▼ 托马斯·杰斐逊（右）、本杰明·富兰克林和约翰·亚当斯把启蒙思想注入到了《独立宣言》中

革命后的托马斯·潘恩

托马斯·潘恩是维护启蒙原则的最雄辩的政治家。
对于18世纪晚期的欧洲巨变，潘恩亦与有力焉。

在英国出生的托马斯·潘恩，以其激情，使美国革命之火烧得更旺。他曾游历英法，对法国大革命中的系列事件印象深刻。他与保守主义者埃德蒙·柏克辩论，柏克于1790年写下了《对法国大革命的反思》（《法国革命论》），而潘恩则于翌年出版了《人权论》（*Rights of Man*）一书，作为对柏克的反驳。潘恩用他的如椽巨笔激烈批判了君主制和其他社会传统，为法国的斗争辩护。

潘恩与英国政府发生了冲突，被控以煽动叛乱的罪名，又被缺席审判，并被判有罪，被驱逐出英国。而在法国，他被授予荣誉市民。他曾在法国国民公会任职，但后来又被投到监狱，差点被判死刑。

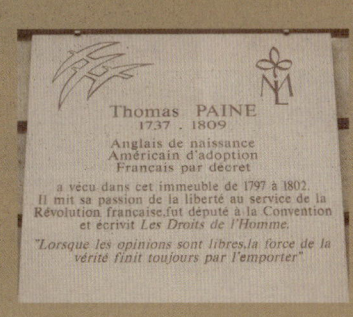

美国国王乔治？

乔治·华盛顿拒绝称王美利坚，最后勉为其难地就任美国的第一任总统。

革命后的美国出现了政党的派系之争，独立战争期间的英雄乔治·华盛顿对此深为不安。他是唯一一位能赢得1787年制宪会议所有代表尊重的政治家，并成为会议的主持者。

结果，他成为美国的第一任总统，尽管他更愿意平静地隐退，度过余生。鉴于他在通过宪法中起的作用，他获得两任总统任期。他性格坚毅，促使这个年轻的国家打下了坚实基础。

华盛顿对美国的未来最大的贡献是拒绝君主制，从而使启蒙思想得以长存美国。作为得胜归来的将军，他本来有很多机会加冕称王，历史上不乏这样的先例。对于美国革命者为之奋斗的理想，华盛顿拒绝破坏。当华盛顿退下总统之位、甘心交出权力时，英国国王乔治三世的评价是：华盛顿是"这个时代最伟大的人物"。

▲《独立宣言》草案提交国会讨论

一面"的同时也是在"向人的理解力致敬"。

出于正义感，亚当斯赌上自己的声望，也要为被指控为1770年波士顿惨案凶手的五名英国士兵辩护。他看到，美国正与欧洲分离，他称他的时代的一系列事件都是民族性格演进中的"例外情形"。其实，他反对英国海事法庭介入1765年的《印花税法案》争论，认为该措施中止了被指控者享有的陪审团审理的权利。他主张，应由殖民地的立法机构制定他们自己的新法律。

亚当斯使殖民地的法律和行政问题成为焦点，结果是，启蒙思想中如何建立新政府的内容的影响力进一步扩大了。美国革命过去半个世纪后，他写给他政治上亦敌亦友的托马斯·杰斐逊的信中仍认为，18世纪是"最尊重人性"的世纪。他还写道："知识和美德不断增多，不断扩散。"终其一生，亚当斯都持这样的观点。

欧洲和美洲的贸易往来频繁，大西洋两岸货物可自由流动，思想交流也通行无碍。《独立宣言》及后来的美国宪法的起草者利用了这时期"启蒙思想家"（philosophe）最有影响的出版物——"启蒙思想家"是个集合名词，指的是那些公开讨论个人自由、民主等问题的学者和哲学家。与此同时，美国的国家认同开始出现，启蒙运动与爱国主义走向合一。

杰斐逊的《独立宣言》写道："我们认为这些真理是不言而喻的：人人生而平等，造物者赋予他们若干不可剥夺的权利，其中包括生命权、自由权和追求幸福的权利。"这段话与洛克的《政府论》下篇里的表述极为相似，洛克在书中主张所有人都是"自由、平等、独立的"。他写道："那是一种完备无缺的自由状态，他们在自然法的范围内，按照他们认为合适的办法，决定他们的行动并处理他们的财产和人身权利。"

实际上，在《独立宣言》的初稿里，杰斐逊

▲ 华盛顿成为美国革命后的第一位美国总统

用的是"生命权、自由权、财产权",但在经过委员会讨论后,定稿改为"追求幸福的权利"。这是洛克思想在北美大陆的回声,因为洛克认为,如果政府压制人的基本权利,那么人民就有权打碎这些枷锁。英国在议会没有殖民地代表的情况下就向殖民地征税,这是明显的违法行为,引发了政治紧张局势。

在《社会契约论》中,卢梭大胆地指出:"人生而自由,却无往不在枷锁中。"潘恩认同这种观点。潘恩用雄辩而又平实、普通美国人都能听懂的语言陈述了革命的理由。潘恩指出:"对付任何一种错误的最有力武器就是理性。我一向未曾用过其他武器,我深信今后亦复如此。"尽管潘恩有意避开基督教的传统,但他还是诉诸殖民地普遍信仰的新教以进行布道式的宣传。

潘恩写过不少有关美国革命思想的极有影响力的小册子。首先是《常识》(Common Sense),该书进一步阐述了变革之根据。他批判英国政府,认为英国政府是享有特权的君主和贵族的机构,仅靠不言而喻的、与生俱来的权威进行统治。他认为政府应采用民主制的形式,他猛烈抨击英国:"在英国,国王除了制造战争、卖官鬻爵,可以说别无他事。简而言之,国王只会让国家陷于贫穷与纠纷中。毕竟,每年领取八十万英镑,并且受人崇拜的确是一份好差事。一个诚实的人对于社会比这些人更加有用,而且在上帝眼中,诚实的人比所有加冕过的恶棍贡献都大。"

在美国独立战争的早期,潘恩出版了总名为《美国危机》(American Crisis)的一系列小册子。在军事遇挫时,这些小册子鼓舞了公众的士气,提醒人们毋忘他们曾付出的努力。他大声疾呼:"这是考验人的灵魂的时刻。那些可同甘而

▲ 建国之父詹姆斯·麦迪逊在起草美国宪法时,曾从欧洲学者和哲学家那里获得灵感

不能共苦的士兵和见风使舵、随时俯仰的爱国者，值此危急存亡之秋，也会怯于为他们的国家服务；而至今还能经受住考验的人，则理应受到举国上下的爱戴和感激。"在关键的特伦顿战役（Battle of Trenton）的前三天，大陆军的士兵读到了以下内容："暴政统治犹如地狱一般难以推翻。但我们坚信：斗争越是艰难，胜利就越是荣光。"

孟德斯鸠赞成权力分立，认为国家权力应一分为三：行政权、立法权、司法权，其中的任意两项权力都不能凌驾于其他权力之上。这种权力分割的方案是确保国家权力合法性的最好的架构，可防止政权腐败。他写道："行政机构倘若不拥有制止立法机构越轨图谋的权力，立法机构就会变成一个专制机构。因为，它可能会把能够想到的一切权力统统抓到手，把其他所有机构全都废除。"詹姆斯·麦迪逊在革命后成为美国宪法的主要起草人之一，孟德斯鸠的思想是该宪法的理论支柱。

自然，对于国家权力应扮演什么角色这个问题，可谓言人人殊。杰斐逊和包括他的弗吉尼亚同乡帕特里克·亨利（Patrick Henry）在内的著名政治家起初都反对宪法，在得到有关保障个人权利的修正案的保证后，他们才同意批准宪法。这十方面的修正案就是《权利法案》。杰斐逊更为关心的一个问题是：这些并没有被明确授予联邦政府的权力，应由各州行使。从启蒙思想的观点来看，这些政治家都担心，一个权力过于集中的政府有可能会雄心膨胀而归于失败。毕竟，他们刚刚经历了那场战争，一场摆脱压迫、获得独立的战争。

如果没有启蒙运动，美国民主政治的宝贵经验很可能就是镜花水月。美国革命者对人的生存的看法和人类自由的解释，如今已是常识。但在萌蘖之时，这种看法无疑是大胆的、独一无二的，十多年后的法国等地也效法起美国了。

有一个流传了许久的故事，讲的就是这个事情。1787年，当年迈的本杰明·富兰克林走出位于费城独立厅的制宪会议厅时，有旁观者问道："喂，博士，我们成立的是共和国还是君主国？"富兰克林的回答是："共和国，只要你能保住。"的确，在一个变动不居的社会环境中，启蒙原则是否会始终如一地被贯彻下去，只有时间才能证明这一切。

本杰明·富兰克林

在成为革命者之前，
这位深受启蒙思想影响的
美国人过着充实的生活。

白手起家的媒体大亨、具首创精神的科学家、举世闻名的政治家，本杰明·富兰克林都占了，而且还不止这些，因而富兰克林成为美国革命时期最有吸引力的人物之一。1706年1月17日，富兰克林出生于殖民地波士顿，他很早就入学读书，但在10岁时不得不辍学。他帮父亲做蜡烛和肥皂，后来成为他哥哥、印刷工人詹姆士的契约学徒。这段时间里，他把挣得不多的收入用在了买书上，对书籍简直是如饥似渴，自学了写作。但在1722年，兄弟俩发生口角，富兰克林离家出走。他曾到纽约、伦敦等地闯荡，最后卜居于费城。

1728年，20岁的富兰克林和朋友休·梅雷迪斯（Hugh Meredith）合开了一家印刷厂。他们拿到了印制宾夕法尼亚纸币的合同，很快就开始印钱。后来，他们又买下了一家报社，将报纸更名为《宾夕法尼亚报》（The Pennsylvania Gazette）。起初，报纸的主要业务是经营分类广告，富兰克林则经常用各种笔名发表编者的意见。1732年至1757年，他一直在编写《穷理查德历书》（Poor Richard's Almanack），在美国殖民地出版的小册子中，这部历书销量不错，印量每年都在一万册。

尽管不是每项业务都顺风顺水，但富兰克林还是发达起来了。他买下梅雷迪斯的全部股份，成为报纸唯一的所有者，拥有了足够多的资金，用于有息贷款，并投资费城等沿海城市的房屋租赁。

1748年，富兰克林把他的印刷业务扩展至所有殖民地，其合作者和特许经营者远至纽约、卡罗莱纳甚至西印度群岛。富兰克林在不到知天命之年就选择退休，本来可以衣食无忧，但他并没有安于悠闲自在的绅士生活，而是全身心投入到科学研究中，这也是受到了当时流行于欧洲的

▼ 富兰克林博学多才，在绘画、科学和政治领域均有建树

一件礼物引发的争议
一件法国礼物开启了新的启蒙。

1785年，当富兰克林动身离开巴黎回到费城时，法国国王路易十六要求见他最后一面。国王送给这位离任的大使一件礼物，以表示感谢，这在当时的法国是惯例。但送给富兰克林的礼物比给其他人的都要豪奢：一个镶嵌了400多颗最高级别的小钻石的镀金鼻烟盒。

对于主张平等的美国革命者来说，接受这精巧的礼物，就意味着和欧洲腐败的君主制产生了瓜葛。很多人担心，富兰克林现在必定对法国国王和其他富裕的欧洲大国君主——包括招人憎恨的英王乔治三世——感激不尽，那么他们也可以向其他官员赠送此类礼物，以"买到"对他们的影响。为此，美国宪法的前身——《联邦条例》

▲ 约从1790年开始出现的有路易十六像的鼻烟盒。路易十六送给富兰克林的鼻烟盒和这个相像

禁止美国官员收受外国的礼物。富兰克林在大陆会议陈述了他的两难：一方面他当然知道法律规定；另一方面他又担心在美国最需要的时候，贸然拒绝就会开罪法国这个美国最重要的盟国。

议会最终同意接受礼物，托马斯·杰斐逊以个人名义表示了感谢，但许多美国人对这段插曲仍不依不饶。结果，立法者在美国宪法中加了一项，即第一条第九款第九项，也就是众所周知的"薪酬条款"（Emoluments Clause），该条款规定，美国官员"未经国会许可，不得接受任何外国君主或国家赠予的任何礼物、酬金、官职或爵位"。

▲ 1776年，富兰克林（右）参与起草《独立宣言》

启蒙运动的影响。其中最著名的一个科学实验传说就是他在1752年6月的一个雷雨天里放飞系有金属钥匙的风筝。但是，与传说相反的是，富兰克林实际上并没有被雷电击中——真要是被雷电击中的话，他会当场毙命。真相是，是风筝捕捉到了周围来自暴风雨的电荷。还有一个不实传闻需要澄清，即富兰克林并没有发现电。他只是向大家演示了雷电与地电之间的关系。富兰克林是第一个把这些发现公之于众的人，当时登载在《宾夕法尼亚报》上，但是含糊其辞，只是以第三方的口气报道了这次实验，并没有说是富兰克林亲自做了这个实验。

终其一生，好学的富兰克林还研究了洋流、气象学、感冒的原因、冷藏问题等。除了避雷针，他还发明了用燃料更少、发热更多的炉子和既可远观又可读书看报的双焦镜。富兰克林已向世人证明自己是个极为成功的商人，对于自己的发明，他从不去申请专利权，而是认为知识就应当让大众共享。

富兰克林为此还成立了"皮围裙俱乐部"（Leather Apron Club, Junto），人们在这里可以讨论自然哲学、政治事件、经济事件等。该俱乐部是以富兰克林曾去过的伦敦的咖啡馆为蓝本而成立的，其成员有生意伙伴梅雷迪斯，逃学的牛津学生乔治·韦布（George Webb），眼镜商同时也是发明家的托马斯·戈弗雷（Thomas Godfrey），后来的"测绘局长"、宾夕法尼亚人威廉·帕森斯（William Parsons）等。

尽管富兰克林在电学方面的实验大获成功，但他从不认为从事科学研究与从事公益服务同样重要。在皮围裙俱乐部的帮助下，他为宾夕法尼亚的市民建立了市民协会，创立了许多今天世人皆认为理所当然的新机构，其中包括消防队、可借阅的图书馆、保险公司、幼儿园、医院等。随后，一系列官衔接踵而至：1748年当选为宾夕法尼亚市议会议员，1749年当选为治安官，1751年当选为高级市政官。1753年，他被任命为邮政局副局长，负责所有北部殖民地的通信业务。

或许是受新职位的影响，或许是他所创办的报纸的巨大成功，富兰克林开始思考：能否把这些殖民地视为单一的整体？1754年法国-印第安人战争爆发后，他提出了著名的"奥尔巴尼联盟计划"（Albany Plan），号召殖民地结成联盟，以便更好地组织防御，免受攻击。出于对未来的深刻洞见，富兰克林的计划里还设计了一个总揽大局的人，此人拥有位于松散的联盟之上的一定的权力，拥有对各州课税并存入中央金库的权力。尽管七个殖民地的代表已批准了这项计划，但无论是国王代表还是殖民地的立法机构，都不愿意批准这项大胆的计划。尽管奥尔巴尼联盟计划最终未得到执行，但为日后的联邦条例埋下了种子。

1757年，富兰克林作为宾夕法尼亚众议院代表到了英国。除了1762年至1764年返回费城检查邮局工作外，他在伦敦一待就是18年。表面上，他被派去伦敦是为了会见宾夕法尼亚的业主威廉·佩恩（William Penn）家族，他坚决主张对方应向殖民地的立法机构缴纳更多的税。私下里，他希望能说服英国政府赶走佩恩家族，给殖民地居民以更大的自主权，类似皇家属地（royal province）的地位。但结果是，他在英国主要忙于处理不得人心的《印花税法案》所引发的各种问题。

《印花税法案》要求所有的法律文件、报纸、广告甚至扑克牌等，都要贴上印花税票。富兰克林反对这个法案。但他一旦意识到该法案的通过是不可避免的，就接受了现实，并要他的印刷所定购一批印花。后来富兰克林在众议院对《印花税法案》进行了激烈批判，这才挽回了他在美国的威望。但是，他仍支持英国，支持英国对殖民地的控制。他给休斯（Hughes）的信中写道："对你我来说，乃心王室、谨遵英国政府之政令，实为最明智之策，毋为群氓之愚行、无远虑之魁渠所摇。"

也许你会觉得奇怪，1773年，富兰克林是第一个向美国通风报信的人。他送给马萨诸塞众议院议长托马斯·库欣（Thomas Cushing）一些信件，内中提到，马萨诸塞总督托马斯·哈钦森（Thomas Hutchinson）建议采取"剥夺"自由的措施来制止越来越严重的暴力抗议活动，

富兰克林的玻璃琴

"在我所有的发明中，我最满意的就是玻璃琴。"1761年，富兰克林对他发明的这件乐器如此评价道。富兰克林曾亲见一位英国音乐家用手指敲击注满水的玻璃杯的边缘，以此发声演奏。受此启发，富兰克林遂发明了此琴。他与伦敦的一位吹玻璃工匠合作，使之能够演奏音乐，也更为轻便。他的玻璃琴（该名源于意大利文"armonia"，意为"和声"）由37个碗状玻璃组成，将它们水平放置，铁轴横穿其中，踏板可带动铁轴转动。

莫扎特、贝多芬等也喜欢这样的琴，并为这种乐器谱过曲，而催眠术的先驱弗朗茨·梅斯梅尔（Franz Mesmer）曾利用这件乐器引导他的病人进入催眠状态。1790年富兰克林去世时，世上已有5000多架玻璃琴，好多欧洲和美国的音乐大厅里都有这样的琴。

▲ 玻璃琴的大个儿玻璃杯盘发出的是低音，而小个儿的玻璃杯盘发出的是高音

其中包括动用英国军队来维持秩序。富兰克林并没有采取革命行动，还天真地认为，只要把这些信公之于众，就可以把日益严重的政治危机的责任推给殖民地官员而不是英国政府，从而缓解殖民地与英国之间的紧张。但结果是，《波士顿报》（Boston Gazette）公布了这些信件之后，抗议活动不仅在波士顿爆发了，还蔓延至东部海岸地区。

1774年1月，富兰克林被带到了英王的枢密院，在那里受到了枢密院的严厉指责，被控以盗窃信件、背叛国家的罪名。两天后，他的殖民地邮政局副局长的职务被解除了。富兰克林在伦敦一直试图为两边和解，但都徒劳无功，到1775年3月终于起程回美国。

至于富兰克林何时开始支持独立，这个问题见仁见智，但在1775年7月初，他已是大陆会议中强烈反对英国的代表。尽管已届古稀之年，他还是全身心地投入到创建新国家的工作中。大陆会议的各委员会都少不了他的身影，他参与创立了新货币，制定了大陆军应遵循的制度，设计了一套全新的邮政系统。

其中最为重要的是，富兰克林是负责起草《独立宣言》的五人委员会中的一员。尽管这份文件的主体内容是托马斯·杰斐逊起草的，老报人富兰克林还是重操主编之旧业，对杰斐逊的草稿进行校对，笔削润饰。迄今国会图书馆所展示的《独立宣言》"草稿"中，就可见富兰克林对杰斐逊原稿的改动情形。如杰斐逊原稿中的一句话"我们认为这些真理是神圣的、无可置疑的"就被富兰克林划去，改为载诸史册的"我们认为这些真理是不言而喻的"。

《独立宣言》签署后没多久，富兰克林就被派到巴黎，寻求法国的军事支持。大陆会议实在选不出比他更合适的代表了。富兰克林利用法国贵族对美国拓荒者的浪漫想象，身着家织土布制成的棕色外衣，头顶毛皮帽子，出入国王路易十六的宫廷。富兰克林看似挑衅了欧洲最讲究仪范的宫廷的繁文缛节，但这放手一搏最后大获全胜：富兰克林在一夜之间成了名人。法国同情美国的事业和皮帽背后的启蒙原则，而法国妇女都要把她们的假发做成"富兰克林发型"的样式。

富兰克林也深知，在法国，要想开展真正的外交，只能是在餐桌上而不是谈判桌上。他把很多时间用在了沙龙和晚宴上。通过这种方式，他赢得了法国王室的信任和尊重。1778年，他争取到了与法国的结盟，法国答应为美国提供给养、志愿战士和舰队，以帮助美国赢得战争。富兰克林也为新生的共和国争取到了法国的贷款，尽管法国的财政日益艰窘。

但不是每个人都认可富兰克林的方式。1783年，富兰克林谈判代表团成员之一约翰·亚当斯从巴黎动身，前往英国缔结和约时，他就抱怨，富兰克林自己落得个逍遥自在，而他和约翰·杰伊（John Joy）干了所有的活儿。不过，当亚当斯和杰伊差点使法国的支持泡汤时，正是富兰克林安抚了路易十六。问题的起因是，除了英国与13个殖民地之间的条约外，法国也想缔结一个终结对英战争的三方条约。数月过去了，前殖民地和大英帝国之间先后拿出了多个提案和反提案。

与此同时，法国也在与英国就战后安排进行谈判，其中也涉及对北美大陆的安排。如此长时间的谈判，亚当斯和杰伊都感到厌烦，他们决定直接和英国谈判。英国人给他们抛出了一个不可思议的提案，几乎答应了美国人的所有要求，就连富兰克林也不得不承认：这是他们所能达成的最好的协议。但法国人觉得受到了冒犯，认为美国人在背后捣鬼。富兰克林不得不使出浑身解数，运用他的外交技巧，最终使法国重臣相信，亚当斯和杰伊的所作所为只是不得体而已，并非

▲ 《独立宣言》草稿，上面有富兰克林的修改

富兰克林是负责起草《独立宣言》的五人委员会成员之一。

对法国有敌对情绪。

富兰克林在法国一直待到1785年，他已不愿意回到美国了。他已在法国结交了很多朋友，过了这么多年的国外生活，他担心自己会成为"家乡的陌生人"。他的担心不无道理，因为他发现自己在政治上已是可有可无的人物。尽管富兰克林有两个跟随他多年的奴隶，在1790年去世前，他还是签署了一项废除奴隶制的声明，而大陆会议则拒绝了富兰克林的这个建议。

富兰克林去世后，美国众议院经投票决定为富兰克林默哀一个月，而参议院则反对这项决定，原因可能是，富兰克林反对奴隶制的请愿书被拒绝后，写了一封措辞严厉的回信。不过，在接下来的几十年里，富兰克林已被认为是美国最著名的人物之一，并且逐渐成为可体现美国理想的人物：靠自己的奋斗而取得成功。

托马斯·杰斐逊

托马斯·杰斐逊亲自起草了《独立宣言》，
但他真的相信
所有人都生而平等吗？

托马斯·杰斐逊的最早记忆是，在他两岁的时候，他被黑人奴隶抱到了杰斐逊家族的新家——烟草种植园。在孩提时代，人们就普遍认为，这孩子日后必定子承父业，成为典型的弗吉尼亚奴隶主。但托马斯志不在种植园。他喜欢读书，对科学、语言学、自然史均有浓厚的兴趣，但他最初还是在法律方面崭露头角，1767年成为弗吉尼亚的律师。

这是北美大陆风起云涌的年代。1775年美国革命爆发时，杰斐逊被任命为弗吉尼亚的代表，参加在费城举行的大陆会议。独立运动早期的领导人约翰·亚当斯在反复挑选、权衡后，调他加入起草《独立宣言》的委员会。

这是杰斐逊的高光时刻。对于委员会所讨论的草案，他被指定为执笔者，因而成为这份最重要的历史文件的主要作者。但是，他并不能完全按自己的思路去写。例如，草案中，杰斐逊的初稿是"我们认为这些真理是神圣的、无可置疑的：人人生而平等、独立"，而深受启蒙运动影响的富兰克林将其改为："我们认为这些真理是不言而喻的：人人生而平等。"

1776年7月4日，大陆会议对《独立宣言》进行了修改，尔后杰斐逊回到弗吉尼亚，在弗吉尼亚政府任上目睹了美国革命的下半场。在他的监督之下，州宪法产生了，州法律体系也得到了修改，后来他成为弗吉尼亚州州长。1781年，

富兰克林在改这句话的时候，启蒙运动仍在进行中，并对宣言的思想产生了影响。

哲学领袖

杰斐逊曾任美国哲学学会会长18年之久,他推动了启蒙运动中的新发现的传播和启蒙知识的应用。

托马斯·杰斐逊是美国启蒙运动中最著名的思想家和发现者之一,作为美国哲学学会的成员和会长,他提出他的观点,展现了他的才智。1743年,本杰明·富兰克林创建了美国哲学学会,1746年,学会一度沉寂,直到23年后,在与美国实用知识促进会(American Society for Promoting Useful Knowledge)合并后,才重新活跃起来。1780年,杰斐逊当选为美国哲学学会会员,他给学会带来了启蒙思想,从而为学会注入了新的生机。

1797年3月3日,杰斐逊当选为美国哲学学会第三任会长,翌日又宣誓就任美利坚合众国副总统。在独立战争期间,他已将反响极好的、唯一公开出版的著作《弗吉尼亚纪事》(Notes on the State of Virginia)提交给了学会。

在接下来的18年里,杰斐逊一直担任会长。这是有重大发现的18年。这其中的8年里,他还是合众国的总统。他敦促学会支持刘易斯和克拉克(Clark)对路易斯安那购地案涉及的领土的探险活动,并介绍梅里韦瑟·刘易斯(Meriwether Lewis)与从事医学、植物学、动物学、数学及其他学科研究的会员相识。他研究了对美国作物危害极大的害虫——小麦瘿蚊,还支持"骨学委员会"的活动,鼓励他们"设法找到更多的猛犸象完整骨骼"。

1815年,72岁的杰斐逊辞去了学会的职务,尽管他仍以通信的方式与之保持密切的联系。1826年,杰斐逊去世后,在长达半年的时间里,杰斐逊担任会长时坐过的椅子被蒙上了黑幔。

▲ 位于费城国家历史独立公园的哲学厅,如今已是美国哲学学会博物馆

英国入侵弗吉尼亚州并洗劫了州治里士满,杰斐逊差点被英军俘获。要是《独立宣言》的作者被英国投进监狱,对殖民者当局来说,就是一个宣传上的重大胜利。

战争结束时,杰斐逊再次当选为议员。会议代表们正在建立一个新国家,作为美利坚合众国最著名的建国之父之一,杰斐逊被委以一项特殊使命:他被任命为驻法公使,派往法国,巩固两国之间的关系。杰斐逊在启蒙运动的中心——巴黎——待了四年,1789年9月才被调回美国,这时法国大革命已如火如荼地展开。

杰斐逊笃信启蒙的价值,是法国大革命的坚定支持者,他想尽早返回法国,但在新总统乔治·华盛顿要求他担任首任国务卿时,他不得不改变计划。正因为身处美国政治的中心,杰斐逊希望自己能对国家的未来走向有所影响。

尽管美国的革命者在反对伦敦的殖民统治中团结了起来,但在独立后,新成立的合众国如何运转,他们之间的意见并不一致。围绕这个问题,逐渐形成两派。一派以亚历山大·汉密尔顿为首,意欲建立一个全国性的强有力的中央政府。他们就是著名的联邦党人。杰斐逊对中央政府权力不断扩大持警惕态度,他主张邦联各州应拥有更大的权力。其他持此观点者逐渐会聚到他周围,他们就成为著名的共和党人。

杰斐逊无力阻止联邦党人拥有的对政府的决定性的影响,他的影响已日渐式微,1793年,他表达了想要退隐的念头。但在1796年,由于乔治·华盛顿拒绝成为第三任总统,这个新国家失去了一位能团结各方的领导人。杰斐逊又回到了政治的第一线,支持共和党人的总统竞选纲领,但最终还是败给了他革命时期的同事、如今的政治对手约翰·亚当斯。按照已生效的竞选规则,杰斐逊得票数排第二,因而就任副总统。

杰斐逊仍无力阻止联邦党人的政策,只好

▲ 杰斐逊（宣读者）向大陆会议递交《独立宣言》草案

与他的同事、共和党领袖同时也是政治盟友的詹姆斯·麦迪逊一起起草了肯塔基及弗吉尼亚决议案。为了达到更好的效果，决议案是匿名的。他们起草的决议案称，除非各州特别授予，国会不可施行权力，国会的这项很大的权力"必将引起各州的革命和流血"。杰斐逊在任副总统期间，大大提高了反抗政府的可能性。假如他的决议案作者身份被公布，可以想象，他必定会被控以叛国罪。

在1800年的总统选举中，杰斐逊再次与亚当斯对决，只是这一次他击败了亚当斯，成为美利坚合众国的第三位领导人。在他的两届任期内，杰斐逊均住在白宫，时间是从1801年至1809年，在此期间，美国开始扩张，不再是原来的13个殖民地。在路易斯安那购地案中，美国仅花了1500万美元就从法国手里购买了82.8万平方英里①的土地，使美国的面积扩大了一倍。随着杰斐逊批准刘易斯和克拉克到太平洋海岸的探险活动，西进运动也开始了。

回到华盛顿特区后，杰斐逊得以取消汉密尔顿创建的联邦主义的许多制度。这是深思熟虑后的举措，杰斐逊称之为"1800年革命"，结果是共和党人成为美国极为重要的力量。在杰斐逊时期及其继任的詹姆斯·麦迪逊、詹姆斯·门罗时期，奉行杰斐逊主义的共和党主导了美国的政治，而一度主导美国的联邦主义则日渐式微。

不过，杰斐逊政府也并非没有问题。他的第一个副总统阿伦·伯尔（Aaron Burr）就是他身边的一个刺头，在与汉密尔顿的决斗中，对其造成致命伤。当伯尔西逃并图谋控制美国领土时，

---

① 1平方英里约为2.59平方千米。

杰斐逊本想要伯尔感受一下法律的汹涌怒涛,结果在他被判无罪时,总统降下了赫斯之怒。

　　杰斐逊本人造成的麻烦是他对美国原住民的态度,原住民是他西进运动梦想的一个障碍。杰斐逊主张用和平的方式同化这些部落,让他们西迁,劝说他们放弃传统的游牧部落的生活方式和文化。但如果这种方式不奏效,他就要诉诸武力了:"如果我们被迫向各个部落举起斧头,那么,不把这些部落斩草除根或驱至密西西比以西,就绝不刀枪入库。"

　　尽管杰斐逊不至于发动对美国原住民的战争,但他的思想的确表现出对其他种族的令人不

▲ 杰斐逊对科学和自然史感兴趣,这一点从画中的实验仪器就可以看出

安的态度,这也是现代批评家们批判他的原因。类似的还有他对奴隶制的态度,这也是让杰斐逊备受谴责的地方。

杰斐逊是弗吉尼亚最大的奴隶主之一,一生拥有600多个奴隶,也参与过奴隶买卖。不过,杰斐逊极不情愿当奴隶主。他所起草的《独立宣言》初稿中即包含了批判奴隶贸易的内容,但这个内容被大陆会议删去了。在他的总统任期内,国际奴隶贸易被禁止,从非洲进口新奴隶被停止;而在他从政的早期,他即试图在西部领土内禁止奴隶贸易。

还有盛行一时的谣言,说杰斐逊与他的一个奴隶萨莉·赫明斯(Sally Hemings)有染并保持了长期的关系,还和她生下了好几个孩子。DNA检测表明,这很可能是真的,尽管这个证据并非确凿无疑。这种关系很可能是在杰斐逊夫人去世后开始的,当时的赫明斯33岁,在杰斐逊担任驻法公使时,赫明斯带着他的女儿也到过法国旅行。

1809年,杰斐逊离开白宫,结束了政治生涯,此后又度过了17个春秋,这期间他依然很忙:由于对教育和学习的兴趣,他参与创建了弗吉尼亚大学,这倒是很适合他。无论是任职总统还是个人追求,他都在实践启蒙思想:为了自我提升而求知。

杰斐逊卒于1826年7月4日,此时距他一生中最重要的成就即他起草的《独立宣言》获批已过去50年。但是,杰斐逊绝不仅仅是世界上最著名的宣言的作者。他不仅帮助美国殖民地获得独立,还影响了新生的美国的发展走向,美国能发展到今天的样子,杰斐逊功不可没,他至今仍被封为美国的英雄。

杰斐逊希望能影响美国的未来走向。

▲ 对很多人来说,他们更熟悉的是总统山上的四个总统雕像之一的杰斐逊的肖像

▲ 在包括约翰·亚当斯和本杰明·富兰克林在内的五人委员会中的其他四名成员的帮助下,杰斐逊起草了《独立宣言》

《独立宣言》

启蒙学说至今仍盛行不衰。1776年的美国《独立宣言》就是最明显的体现。约翰·洛克的自然法和社会契约理论以及孟德斯鸠的观点始终流行,孟德斯鸠认为,权力应是多人共享的,不应是一人独有。

SS, JULY 4, 1776.

thirteen united States of America,

for one people to dissolve the political bands which have connected them with another, and to
Nature's God entitle them, a decent respect to the opinions of mankind requires that they
uths to be self-evident, that all men are created equal, that they are endowed by their Creator
— That to secure these rights, Governments are instituted among Men, deriving their just
of these ends, it is the Right of the People to alter or to abolish it, and to institute new
to them shall seem most likely to effect their Safety and Happiness. Prudence, indeed,
and accordingly all experience hath shewn, that mankind are more disposed to suffer, while
But when a long train of abuses and usurpations, pursuing invariably the same Object
of such Government, and to provide new Guards for their future security. — Such has
ter their former Systems of Government. The history of the present King of Great
of an absolute Tyranny over these States. To prove this, let Facts be submitted to a candid
the public good. — He has forbidden his Governors to pass Laws of immediate
d when so suspended, he has utterly neglected to attend to them. — He has refused to
he right of Representation in the Legislature, a right inestimable to them and formidable
d distant from the depository of their Public Records, for the sole purpose of fatiguing them into
g with manly firmness his invasions on the rights of the people. — He has refused for
ble of Annihilation, have returned to the People at large for their exercise; the State remain
— He has endeavoured to prevent the population of these States; for that purpose obstruc
and raising the conditions of new Appropriations of Lands. — He has obstructed the
He has made Judges dependent on his Will alone, for the tenure of their offices, and the amount
arms of Officers to harrass our People, and eat out their substance. — He has kept among
render the Military independent of and superior to the Civil power. — He has combined
giving his Assent to their Acts of pretended Legislation: — For Quartering large bodies of
ers which they should commit on the Inhabitants of these States: — For cutting off
depriving us in many cases, of the benefits of Trial by Jury: — For transporting us beyond
ouring Province, establishing therein an Arbitrary government, and enlarging its Boundaries
hese Colonies: — For taking away our Charters, abolishing our most valuable Laws, and
d declaring themselves invested with power to legislate for us in all cases whatsoever. —
— He has plundered our seas, ravaged our coasts, burnt our towns, and destroyed the lives
orks of death, desolation and tyranny, already begun with circumstances of Cruelty & perfidy
He has constrained our fellow Citizens taken Captive on the high Seas to bear Arms against

巴拉圭的革命

欧洲人与巴拉圭土著的相遇，
引发了关于殖民主义的影响和人性的根基问题的激辩。

乔恩·赖特

启蒙运动已是全球的运动了，但谁也不会忘记，其根源还是在欧洲。西方的思想家们总想对世界上其他文化进行概念化的分析。人们很容易崇拜古老而又复杂的中华文明，但哪些人会被视为未开化者？于是越发理不清头绪。有时也会听到有人大声疾呼：要保持文化的纯洁，毋为现代性所污染。但更多的声音是，启蒙运动的拥趸坚决主张：这些人是被教化的对象，应该让他们接触西方的道德、宗教和知识。

巴拉圭就是一个很能说明问题的案例。在巴拉圭，各种世界观会发生冲突，而故事的中心，是根据耶稣会秩序建立的传教士聚居地。17世纪初，耶稣会会士就在该地区传播福音，开展贸易。其定居点吸引了当地居民（主要是原住民瓜拉尼人），他们被带到了秩序良好的城镇中，这些城镇往往以教堂和学校为中心而建成。于是，他们摈弃了游牧的生活方式，易之以可开展贸易

▲ 苏格兰启蒙运动哲学家威廉·罗伯逊在巴拉圭的欧洲人定居者中发现了他们的美德

▲ 耶稣会在巴拉圭特立尼达岛的定居点遗迹

的技能（如木工技术、金属加工技术）、养牛、马黛茶加工等。他们被要求必须服从基督教的指令，此外，定居点还高度重视音乐和艺术能力的培养。到18世纪中期，这些定居点已接纳了15万人。

应当对耶稣会会士在巴拉圭的所作所为如何评价，分歧很大。有人认为，这是欧洲人近乎乌托邦式之"牖民"的例子，他们"提升"了蒙昧无知的原住民的方方面面。的确，耶稣会会士对定居点实行严格管控，但他们实行财产共同所有，比起实行强制劳动政策的殖民者，他们自然显得仁慈多了，他们甚至还允许当地居民自行决定定居点的治理和法律制裁问题。在巴拉圭布道多年的耶稣会会士曼努埃尔·佩拉玛斯（José Manuel Peramás）将定居点与柏拉图的《理想国》进行了比较，自认为这些定居点是瓜拉尼人之家，"一个乞丐也没有"，又可使瓜拉尼人学习音乐"至尽善尽美的程度，足以对欧洲人生发出仰慕之情"。定居点被认为最能体现天主教对启蒙运动的理解，冶信仰、理性、道德于一炉。

但其他人的评价就不是那么高了，尤其是，耶稣会讲求的秩序很容易成为众矢之的，遭到某些启蒙思想家的批判。狄德罗就认为定居点是典型的压迫之地，认为这是"有恶习的、冷酷无情的斯巴达的后代在虐待印第安奴隶"。人们发现，这些耶稣会会士在用当地居民的汗水"解自己的渴"，"他们手执皮鞭，穿行在当地居民之中，可鞭笞任何人"。尽管伏尔泰对定居点的态度并非一以贯之，但他承认，耶稣会会士在巴拉圭的组织工作极为出色，同时也对这种神权统治的后果不无忧虑。在《老实人》中，书中的主人公的同伴卡坎波（Cacambo）发现，神父们"俨然最高统治者"，"他们拥有一切，而人民一无所有"。见多识广的布甘维尔伯爵（Comte de Bougainville）也承认，从耶稣会会士们的角度看去，巴拉圭的一切都是那么美好：所有人都"是因信仰的感召而团结在一起"，但"从计划的执行看，其实每个人的看法极为不同"，再深入地看，会发现专制色彩。

平心而论，把定居点理想化或妖魔化都未

▲ 巴拉圭独立后首位独裁者何塞·加斯帕尔·罗德里格斯·弗朗西亚（José Gaspar Rodríguez Francia）也深受启蒙思想影响

▲ 伏尔泰的小说中的老实人甘迪德和卡坎波行至巴拉圭

免夸大其词，但这本身即反映了长期以来启蒙运动对殖民主义本质的争论。值得注意的是，很多人并不喜欢耶稣会会士，但对他们在巴拉圭布道的价值不能视而不见。纪尧姆·托马斯·雷纳尔（Guillaume Thomas Raynal）写道，定居点已"得到最明智的人的认可"，他很可能指的是苏格兰启蒙运动的重要赞助者威廉·罗伯逊（William Robertson）。罗伯逊的评价很有意思，他曾暗示说：耶稣会会士为增强他们的力量、扩大他们的影响而建立了布道所，却产生了"完美的专制"，催生出了平等、教育和安全。

无论如何，定居点注定会继续存在下去。根据1750年西班牙和葡萄牙订立的条约规定的边界划分，乌拉圭河东岸的布道所要移到葡萄牙的势力范围内，1753年，心怀不满的瓜拉尼人开始了反抗。耶稣会会士受到了指责，说他们鼓励反抗，18世纪50年代末和60年代的耶稣会西班牙和葡萄牙教省为此饱受攻击。结果就是，1773年，耶稣会会士在全球范围内遭到压制，耶稣会的敌手、巴黎沙龙里的启蒙思想家们自然要拍手称快。

耶稣会会士受到了指责，说他们鼓励反抗行为。

制造"高贵的奴隶"

18世纪，欧洲兴起了对新大陆的人做浪漫化的、大为简化的形象解读。

许多启蒙思想家都把新大陆看作一幅没有西方的法律、政府机构、宗教、道德秘方的风景画。这里的人们天真纯洁，与自然和谐相处。这样的解读无疑是大为简化了的处理方式，更不用说其中还充斥着傲慢，但欧洲很多热心的读者对此类报道极为关注。

让-雅克·卢梭在其最早的一篇论文中称，自然状态中的人们是最好的。他们身体更为强健、平等，不汲汲于物质目标。当然，卢梭的看法也并非一成不变，在写《社会契约论》时，自然状态就成了充斥着暴力、无法无天的状态了。

只是，在此之前，其他人也有这样的看法。狄德罗和布甘维尔伯爵极力鼓吹理想化的"高贵的奴隶"，对塔希提岛（Tahiti）和北美不吝溢美之词。在狄德罗1772年出版的《布甘维尔游记续》（Supplement to Bougainville's Travels）一书中，一名塔希提人受到了指责，理由是他训斥了欧洲人，认为他们不该闯入天堂："我们纯真，我们幸福，而你们破坏了我们的幸福。我们循纯洁的本性而行，而你们却要清除我们的灵魂特征。"

▲ 布甘维尔伯爵深信"高贵的奴隶"的美德

海地革命

18世纪的思潮鼓舞了历史上最伟大的奴隶起义之一。

乔恩·赖特

圣多曼格（Saint-Domingue）殖民地位于伊斯帕尼奥拉（Hispaniola）岛西三分之一的地区，是法国的全球经济活动的枢纽。棉花、靛蓝、咖啡以及最重要的糖，产量极高，利润丰厚。种植园完全靠奴隶劳动维持，1680年至1776年，先后有超过80万的非洲人被掳掠到该殖民地。

到18世纪80年代末，每年仍有两万奴隶涌入。他们往往工作条件恶劣，而约束奴隶主胡作非为的法规自然是形同虚设。在18世纪90年代爆发重大事件之前的很长时间里，心中已是一团怒火的奴隶们就起来反抗了，其中最著名的是18世纪50年代弗朗索瓦·麦坎达（François Mackandal）领导的反抗运动。法国殖民当局

▲ 最伟大的起义领导人之一杜桑·卢维杜尔

经常一夕数惊，所有人都意识到：奴隶人口远超白人定居者，比例达到10:1。

在整个法语世界里，始于1789年的巴黎革命鼓舞了其他地方，那里的人们也想寻求变革。对于圣多曼格的白人来说，这意味着可摆脱母国，寻求更大程度的经济独立。对于岛上混血居民（包括所谓"自由有色人种"）来说，他们的目标是巩固已获得的公民权利和政治权利。但这些要求遇到了极大的阻力，1790年，在文森特·奥热（Vincent Ogé）的领导下，他们也曾发动了昙花一现的反抗活动。这场起义并没有提及废除奴隶制的主张，但法国所发生的革命也让殖民地的奴隶受到鼓舞，海地革命运动中的最伟大的领导

▲ 海地独立后的第一任领导人让-雅克·德萨林

▲ 文森特·奥热领导的反抗运动为革命铺平了道路

人之一、自学成才的杜桑·卢维杜尔（Toussaint Louverture）即从启蒙思想中吸收了很多概念。

骚动始于1791年4月的殖民地北部地区。数百名欧洲人遭到袭击，种植园遭到破坏，到了8月，各地的反抗渐成联合之势。没过多久，八万名奴隶为了一个共同的目标走到了一起，正如一名殖民者所说的："反抗来得太突然了，声势太大了，计划太周密了，不可能戛然而止，哪怕让他们少洗劫一点都不可能。"

接下来的13年，是政治上紊乱、军事上动荡的时期。法国政府决定用让步的方式平息起义，先是对混血人种让步，然后在1794年宣布废除法国境内及其殖民地的奴隶制。西班牙和英国都想把这个差不多是摇钱树的殖民地控制在自己手中，乐于介入其中，并站到反叛者的一边，但他们无意废除奴隶的人身束缚。英国和西班牙

▲ 海地发行的纪念海地大革命的先行者弗朗索瓦·麦坎达的硬币

的努力都白费了，还付出了声望受损、军队伤亡的重大代价。

到了18世纪90年代，起义领导人看到了与法国和解的可能性。卢维杜尔在把竞争对手安德里·里戈（André Rigaud）赶出圣多曼格后，开始与法国寻求和解，尽管他不愿意放弃太多的权力和影响力。1801年，他被任命为终身总督，他颁布了宪法，大胆宣布："所有人，不论其种族和肤色，都可依其才能和品行，参与公共事务的管理。"但卢维杜尔的政权并不得人心。黑人对强行实施强制性劳动的方案表示不满，法国的波旁王朝则担心卢维杜尔会变得桀骜不驯。针对总督的新的起义出现了，与此同时，法国军队也卷土重来。波旁王朝还有一个不可告人的目的：恢复奴隶制。

大战接踵而至：先是库勒夫尔谷地（Ravine-à-Couleuvre）的惨败，继而是皮耶罗峰

（Crête-à-Pierrot）的英勇抵抗，但都遭到军队的背叛，卢维杜尔被迫乞和。法军以订立协议为名诱捕了卢维杜尔，随后将其送至法国囚禁起来，1803年卢维杜尔死于监狱中。但这一切并没有平息奴隶们的反抗，1802年和1803年又爆发了新的起义。其间，不少法国士兵死于疾病。在1803年路易斯安那购地案中，法国将北美的土地卖出，而后拿破仑对西半球的事务失去了兴趣。

法国在圣多曼格的殖民统治该结束了。法国遭到的最后一次战败是1803年11月的佛悌埃斯战役（Battle of Vertières），而后在1804年1月1日，起义者骄傲地宣布独立。新的国家被命名为海地，让-雅克·德萨林（Jean-Jacques Dessalines）自然成为新国家的领导人。他先是担任了总督一职，后于1804年10月加冕为海地皇帝。遗憾的是，这个新政权并没有把启蒙思想的精华收融进来。

德萨林下令屠杀残余的法国殖民者，公然实行专制统治。1806年，他被政敌刺杀身亡。虽然此后的海地一直社会撕裂、经济动荡，但直接催生了这个新国家的奴隶起义仍是18世纪后期最重要的事件之一。

照向黑暗制度的亮光

那个时代的文人是如何看待奴隶制的危害的？

不少法国思想界的领军人物写下了激荡人心的文字，揭露奴隶制之恐怖。马奎斯·孔多塞（marquis de Condorcet）即认为，欧洲"不仅犯有把人变成奴隶的罪行，而且更重要的是，在非洲实行屠杀政策，以便犯下前面提到的罪行。这是欧洲的原罪"。狄德罗认为，奴隶制是"建立在不公正的基础上的贸易，只有豪奢之人才能享用得起"。不过，对于完全废除奴隶制的缘由，他们并没有予以充分阐述。

孟德斯鸠之反对奴隶制，更多是出于哲学上的思考而不是出于同情心。他坚决主张应不断改进奴隶的地位而不是实施灭绝政策："消除了奴隶受到的虐待，也就消除了危险。"纪尧姆·托马斯·雷纳尔对这个问题也极为关注，称"奴隶制破坏了灵魂之源"，但他并没有说要直接取消奴隶制，他认为，第一步应是让非洲开化起来，因为美国各地现有的奴隶尚未明确认识到自身的使命。

雷纳尔预言，除非处境得到改进，否则"新的斯巴达克斯"领导的奴隶起义将是不可避免的。有可能杜桑·卢维杜尔正是读到了雷纳尔的这些文字并受到了直接的启发，进而领导了奴隶起义——这是雷纳尔并不想看到的。

▲ 在启蒙思想家中，纪尧姆·托马斯·雷纳尔怀疑奴隶制是否符合道义

▲ 起义军的最后一战——佛悌埃斯战役

影响

156	新思想的传播
170	妇女的地位
176	艺术界的启蒙运动
189	启蒙运动中的音乐
197	另一个莫扎特
203	后启蒙时代

 196
 176
 202

189

新思想的传播

启蒙运动时期是历史上最激动人心的时期之一，科学发现的规模、知识进步的速度、社会剧变的程度均前所未有。但是，启蒙运动的理想和理论是如何向大众传播的呢？

自16世纪宗教改革以来，还没有哪场思想运动像启蒙运动那样席卷整个欧洲。这是前所未有的、令人振奋的时期，哲学家、科学家和学者们的新思想一经提出，便如野火般迅速蔓延开来，热心的业余爱好者也聚到一起，讨论哲学、神学、科学等各领域的令人振奋的最新发现。

不过，宗教改革起初是秘密进行的，因为它将对天主教构成挑战，而启蒙运动从一开始就是公开宣示的，使得知识界有机会公开讨论新思想。随着人们对公共辩论和公开讨论的热情的持续高涨，他们当然也愿意传播新理论，先是在文化氛围浓厚的欧洲各国首都的沙龙和咖啡馆里口耳相传，继而借助印刷的小册子和书籍传播。新的印刷技术出现了，人们获取文字材料也前所未有地方便了。

那个时期的伟大的哲学家、科学家、神学家总是位于知识链条的顶端，如今他们的思想已渗透至社会上的其他人，且传播速度越来越快、越来越有效，之前没有机会学习知识的社会阶层，如今可以一下子接收很多新的思想了，这带动形成了令人兴奋、充满生气的社会氛围，从而引发了社会剧变，在某些方面，甚至引起了革命。

咖啡馆和沙龙

从17世纪中期开始，沙龙已成为法国知识界、文化界人士活动的中心，在这之后的一百多年里仍如此。沙龙往往是巴黎勒马莱（Le

哲学家、科学家和学者们令人振奋的新思想如野火般迅速蔓延，而热心的业余爱好者又积极响应。

▼ 位于伦敦考文特花园（Covent Garden）的汤姆·金咖啡馆（Tom King's Coffeehouse）

启蒙运动重要的一点是，它提供了一个让大家聚在一起讨论时事的机会，这是激动人心的新的生活方式。

▲ 珍妮·伊利诺伊·朱莉·德·莱斯皮纳斯（Jeanne Julie Éléonore de Lespinasse）因其学识和个人魅力，成为法国大革命前巴黎最受欢迎的沙龙主持人之一

Marais）等富人区的贵族妇女在自己府第操办的，是渴望讨论知识问题的便利会场。尽管这个时期参加沙龙的人不是很多，范围也受限，因为参加沙龙的人都是比较开明的、文化程度较高的贵族和资产阶级的上层人士。

名气最大、最受欢迎的沙龙，如朗布耶（Rambouillet）侯爵夫人和若弗兰（Geoffrin）夫人主持的沙龙，往往每周一次，出入其中的多是哲学家、作家、科学家，而女主人们则竞相邀请最有名气的人参加她们的沙龙晚会。对法国的知识界来说，沙龙给他们提供了一个机会，使他们能在沙龙里会见同样对某领域有深入研究的同行，进一步完善自己的思想，与当时的杰出思想家建立良好的关系，同时，在思想的传播方面，他们也发挥了重要作用。

路易十四把王宫迁至凡尔赛，一些重要的贵族也随之迁去，巴黎的沙龙又突显了新的重要意义，因为王室对知识界的态度形成了鲜明的对比：王室与知识界日渐疏远，知识界不与王室交往，王室也成了知识上的孤岛。凡尔赛的近臣不敢批判国王及国王担任会长的机构，但巴黎沙龙的出入者却不怕，他们谴责路易十四及其继任者的专制统治时直言不讳，并以此为傲——当然，这种立场也足以速祸。

在海峡对岸的英国，咖啡馆起到了类似沙龙的作用，不仅提供了场所，而且秉持平等原则，对所有阶级的人都敞开了大门，他们可以在咖啡馆里聚会，讨论政治热点和当天发生的种种新闻以及科学、哲学、神学方面的最新进展。咖啡馆给人的感觉是喧闹、忙碌、舒适，更重要的是，每天都开！咖啡馆里有精挑细选的最新的小册子，顾客很愿意在这里阅读这些小册子，离开时也可以带走。如果某个平民百姓想嘤鸣求友，他就有地方可去了，这是以前从未有的事情，因而咖啡馆很快就成为都市文化不可或缺的一部分，令人振奋的新思想、新理论都能在那里听到，然后传播到更远的地方去。

与沙龙不同，咖啡馆里的交谈并没有特定主题，也没有规则约束。所有人，无论政治立场是什么，也无论智力高下，都可自由出入咖啡馆，因而咖啡馆里面的辩论往往更为激烈，讨论的主题也往往更具争议。但这种自由的氛围也意味着咖啡馆文化与官方的不一致，而英国内战后政府对这样的聚会颇为疑惧，甚至怀疑聚会是要密谋叛乱。

不过，对大多数人来说，伦敦、巴黎及其他大城市的咖啡馆还是让他们感到兴奋、新奇的，因为它提供了一个认识新人、聊一聊重大发现、开阔眼界的机会，也逐渐成为启蒙运动时期他们日常文化生活中不可或缺的一部分。

印刷品

不管是沙龙还是咖啡馆，都会为光顾者提供体裁广泛的最新的文学作品，其中既有简单装订的小册子，亦不乏小说。今天仍能读到的《观察者》（Spectator）与《闲谈者》（Tatler），即是18世纪早期的咖啡馆文化孕育出来的，专记街谈巷语、趣闻逸事，是包括乔纳森·斯威夫特在内

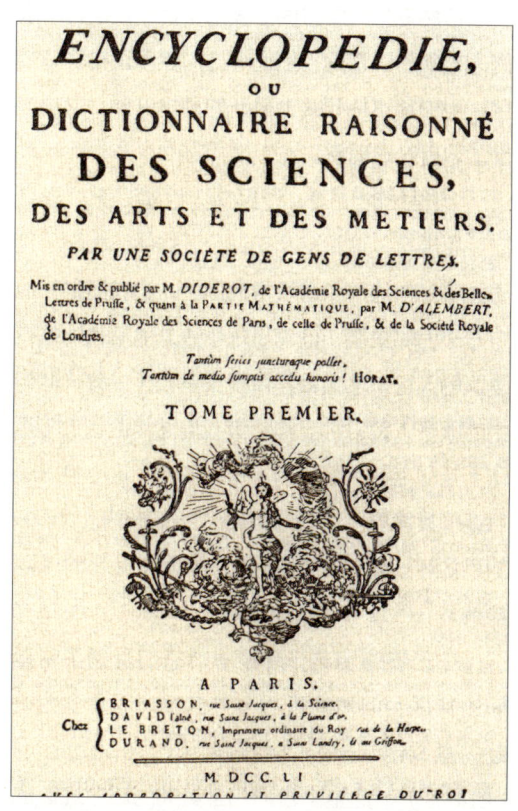

▲ 1751年至1772年出版的28卷本狄德罗主持出版的《百科全书》的扉页

若弗兰夫人

玛丽·特蕾莎·罗黛·若弗兰（Marie Thérèse Rodet Geoffrin）因其主持的沙龙和对知识界领袖的赞助而成为启蒙运动期间最重要的女性人物。

若弗兰夫人1699年6月出生于巴黎，她的一生，可以说与启蒙运动的黄金时期相重叠。她当时是最重要、最有影响的女性人物之一。若弗兰没有受过正式教育，少女时代的若弗兰心有不甘，她决定自学，开办了自己的沙龙，邀请当时所有一流的知识分子，她的理由是：可以从他们身上学到知识。

若弗兰夫人聪慧、敏锐、风趣、博览群书，举止优雅，是最有代表性的文雅、渊博的沙龙主持人，她主持的聚会极为成功，吸引了狄德罗、伏尔泰、卢梭等人，而她本人也因与这些著名的知识分子和全欧洲的王室要人有广泛的联系而闻名。

尽管沙龙在17世纪即已出现，人们还是认为是若弗兰夫人开创了真正的沙龙，这是启蒙时期的产物，在这里可以心平气和地讨论哲学问题，每周一次，学术界、美术界、科学界、文学界之名流鸿儒出入其间，致力于提升和传播启蒙思想。

▲ 若弗兰夫人是法国大革命前巴黎最著名的沙龙主持人之一，对当时知识界的研究进展影响甚巨

▲ 18世纪晚期法国巴黎的弗拉斯卡蒂餐馆

的作家在伦敦最受欢迎的咖啡馆里根据听闻的笔录加工而成的，反过来又进一步激起了对当时热议的话题的辩论和讨论。

启蒙运动中最常见的一幕是聚在公共场所讨论时事或某个主题的知识，这固然是一种全新的、令人激动的生活方式，但这也要求双方有超高的对话技巧和道进乎技的博学。而印刷品作为新思想的表达和传播方式，已变得须臾不可离，更多的人由此接触到新思想。在宗教改革时期，思想之传播，多依赖口耳相传，但从16世纪开始，民众的识字率大幅提升，特别是社会底层的人和妇女——之前由于不被鼓励读书识字，他们事实上成了被剥夺了权利的群体。

不过，由于书籍价格之昂，仅少部分人拥有为数不多的藏书，尽管这个时期大多数家庭都有了《圣经》。因此，识字率的提高与公共图书馆数量的增多同时出现，就绝非巧合了，因为人们可从图书馆借书而不必自己掏钱买书。一般民众所购买的读物类型的巨大变化也反映了民众识字率的快速提升。过去，最流行的文学书是宗教类图书，而此时的民众则渴望读到以下两种读物：一类是小说，特别是理查森（Richardson）和菲尔丁（Fielding）的小说；另一类是有关哲学、自然史和科学方面的大部头著作。所有阶级的人越来越认识到：他们身处的世界正在快速变化，他们急切地要跟上最新的科学进展，这是之前从未有过的现象。

18世纪的法国，说起文人巨星，无疑要属启蒙思想家，这是一个知识分子群体，大部分是男性，其作品不仅有哲学方面的，还囊括了其他方方面面的主题。他们是巴黎沙龙的常客，是有争议的人物，他们公然蔑视王室和天主教，他们中的很多人都自称无神论者或自然神论者（不否认上帝的存在，但认为上帝在创造了这个世界之后就任其发展），为此当局没少找他们的麻烦，他们的不少著作也因被认为是亵渎上帝而遭到封禁。

在巴黎的沙龙，启蒙思想家们受到了明星般的待遇，但他们不想孤芳自赏，而是全力以赴，意欲创立一个"君子国"（Republic of Letters），把整个欧洲乃至美洲的部分地区的知识分子、科学家及其他思想家均网罗其中。

这个"君子国"成立于17世纪，到18世纪中期时达到高峰，无关性别、种族、宗教信仰、国籍，唯以才学优劣群分类聚。

这些文人，包括当时最负盛名、最才华横溢的思想家，他们频繁通信，交流思想、科学理论、小册子和著作。尽管多年来巴黎一直是启蒙思想的中心，但"君子国"的活动大大扩大了启蒙运动的影响，使得人人都有机会参与启蒙运动。

"君子国"对启蒙思想的传播厥功甚伟，而启蒙思想家对18世纪中晚期的知识界影响最大的事件要属《百科全书》的出版，该书在德尼·狄德罗的主持下于1751年至1772年陆续出齐。这是现代百科全书的前身，共有28卷之多，内中词条有71818条，插图3129幅，供稿人有卢梭、伏尔泰、若古（Jaucourt）等，该《百科全书》有一个崇高的目标，那就是把所有的知识萃为一书，每个人都有很好地学到知识的平等机会，人人可读而取之，从而改变他们的思维方式。但其供稿者都是从自己的观点出发写作词条的，遭到了国王和教皇的打压，有的作者因批判天主教和君主制而遭囚禁，但这一切都没有阻挡这项伟大的工程，没有动摇他们把启蒙思想和人类一切的知识送进千家万户的决心。

皇家学会/科学院

当知识精英们在沙龙和咖啡馆里交流他们的观点时，另一项举动也在悄然进行，那就是把启蒙思想用组织化的方式进行学术传播。文学作品的不断问世，滋养了美术、哲学、神学，而人们越来越担忧的一个问题是，科学被有意无意地忽视了，急需用组织化的方式，通过严肃的、正规化的研究和理论探讨开展研究。

为此，1660年，一群独立的科学家在伦敦成立了皇家自然知识促进学会，两年后，对科学研究有浓厚兴趣的查理二世颁发了特许状，批准其成立。学会每周举行一次会议，会员则举办科学演讲，组织辩论或做实验。皇家学会也出版图书和小册子，科学家同行和大众都可以买到。

在海峡对岸，1666年，路易十四在财政大臣让-巴普蒂斯特·科尔贝（Jean-Baptiste Colbert）的协助下创立了法兰西科学院。和英国的皇家学会一样，法兰西科学院也是由最初的非正式而逐渐走向了组织化的方式。法兰西科学院也定期举行会议，进行讨论和开展实验研究，目的是向大众传播更多的科学知识。科学院的会议内容重点是科学问题，成员不得讨论有争议的问题，如神学问题、哲学问题和时政。

▲ 这幅当时的版画展现了伦敦咖啡馆里激辩的情形。这样的聚会真的很吵！

▼ 泰斯特兰（Testelin）创作的这幅色彩艳丽的油画表现的是科尔贝正在向路易十四介绍皇家科学院的成员

▲ 在法兰西科学院的创建中，路易十四时代声名卓著的财政大臣让-巴普蒂斯特·科尔贝起到了重要作用

1669年，经路易十四批准，法兰西科学院更名为法国皇家科学院，并迁至更为宏伟壮丽的卢浮宫新址，在那里开始发行每年一期的杂志，上面登载了一年中科学家们发表的演讲、讨论、理论、实验进展，写作风格是平实的，对此感兴趣的外行也能看懂。而在伦敦，皇家学会则强调新思想的分享和提升大众对科学的兴趣，促进科学对社会发展的作用。

尽管这两个学术机构的成员主要来自精英阶层，但他们都鼓励新科学家的科学志向，为此他们还定期组织竞赛，这就是著名的"学术竞赛"，这种学术竞赛模式是自中世纪就定型了的，那时学者只需提交自己的美术作品、诗歌、散文即可。只是在过去，竞赛的主题是神学，而现在的主题比较广泛，包括妇女教育问题、奴隶解放问题、艾萨克·牛顿的理论问题以及有争议的"对旧制度下的社会制度和政治体制的批判与反思"，参赛者提交的论文必须以明确的科学的思维进行论述。

在过去，竞赛只向法国大学的精英学生开放，如今，为了体现启蒙运动的平等主义这个本质特征，竞赛向所有人开放，参赛作品须匿名提交，这样就保证了参赛者不因社会阶级、种族、性别而受到区别对待。大多数获奖者都是受过良好教育的中产阶级和上层阶级，这也说明，匿名提交制度对劳工阶级的参赛者的确是个鼓励，其中有人还获过奖。另外，那些有分量的参赛作品中，有些是女性参赛者提交的，虽然名义上不允许她们参赛，但在这个时期法国举行的2300场比赛中，49场比赛的获胜者是女性参赛者。只是过了一段时间——实际上是过了三个世纪，她们才被允许加入皇家学会，参加学术会议。

启蒙运动期间，英国皇家学会和法兰西科学院（法国皇家科学院）出版了很多图书和小册子，开展了公开的实验和学术竞赛，在提升公众对科学及其他学科的兴趣方面的确做了很多工

▲ 这幅1662年的版画表现的是一群名为英国皇家学会的创立者和赞助者查理二世戴上花冠，两边分别是皇家学会第一任会长布隆克尔勋爵（Lord Brouncker）和科学家、哲学家弗朗西斯·培根

▲ 查理二世对科学有浓厚的兴趣。1668年，他颁发了特许状，批准成立英国皇家学会

作。过去一直有一种看法是，这种对科学的兴趣只能是大城市里受过良好教育的上层人士专有，而天主教对科学家和科学实验的或明或暗、时有时无的敌视态度也强化了这种看法，确实有好几位科学家的理论被教会指控为亵渎上帝或视为异端。如今，由于皇家学会/科学院的存在以及科学家愿意和大众分享他们的研究，科学已越来越容易为大众所理解，乃至须臾不可离。

那些有分量的参赛作品中，有的是女性参赛者提交的，尽管名义上不允许女性参加此类竞赛。

自然史

启蒙运动时期，对我们周遭的世界的研究达到了前所未有的高度。

由于皇家学会、学术机构和启蒙思想家的努力，在整个18世纪，公众对科学越来越感兴趣，由此人们对自然史也越发感兴趣了，因为自然史是进入科学领域的一个入门之学。1635年，法国人在巴黎建造了一座用于展示世界各地植物的植物园（Jardin des Plantes），极为轰动，在整个启蒙运动期间都极受欢迎。

但是，自然史仍被视为上流社会的专享领域，因为只有上流社会才买得起当时制作的、价格不菲的有关植物、昆虫和动物的图册。其中最受欢迎的是1749年至1809年陆续出版的44卷《自然史》（Historire Naturelle），而布丰（Georges-Louis Leclerc, Comte de Buffon）也因这部巨著而闻名于世，他1788年去世时，极尽荣哀。布丰认为，所有的人种同根同源，很可能都来自非洲，因为非洲的气候和温度条件最为适宜。他把进化问题的讨论引入科学领域，故被后人追封为"进化论之父"。

▲ 博物学家布丰在法国大革命前交际广泛，不管是在王室还是巴黎的知识分子沙龙里，都受到了欢迎

▲ 这幅版画表现的是共济会巴黎分会的一次宗教仪式

巴伐利亚光明会

在英法两国的知识分子和贵族纷纷加入共济会时，
德国的知识分子和贵族则被吸引至更为秘密、更为幽暗的社团。

尽管公立的学会和科学院数量渐多，一些知识分子却被吸引至更为暗黑的秘密会社中，如共济会和巴伐利亚光明会。德国哲学家亚当·魏斯豪普特（Adam Weishaupt）于1776年5月1日成立了巴伐利亚光明会，目标是反对政府权力的滥用、天主教的压迫和一切迷信，一时之间极具吸引力，整个欧洲的知识分子群起而响应。

巴伐利亚光明会的反宗教立场自然与天主教发生冲突，而且不止一次地被宣布为非法。巴伐利亚光明会因其行事秘密，较共济会有过之而无不及，易招致密谋暗室、扰乱国政的指控，甚至还被指控要为法国大革命负责。时至今日，这种指控仍然能听到，各种阴谋论总是把这个幽暗的光明会与世界上的重大事件联系起来。

尽管遭到教会和政权的诋毁和猜疑，但一些著名的德国人，包括歌德、裴迪南公爵（Duke Ferdinand of Brunswick）等，也加入了这个组织。实际上，在1785年被彻底镇压之前，该组织的成员主要是贵族和知识分子精英。

▲ 巴伐利亚光明会的创立者亚当·魏斯豪普特

结社

能成为皇家学会会员，当然是极高的荣誉，因为这是只颁授给科学精英的，而地位低下的知识分子只能加入各种非官方的社团。在整个启蒙运动时期，沙龙和咖啡馆一直流行不衰，几乎向所有人都开放。到了17世纪末，一个越来越明显的趋势就是，社会越来越需要非官方的社团，使研究人员和业余的爱好者能定期相聚，讨论学术问题。首批辩论社出现在18世纪初的伦敦，它们在整个18世纪都颇具影响力，是随后流行开来的绅士俱乐部的前身。

第一批辩论社究竟何时成立，现在已不得而知，但有一点是明确的：它们都源于伦敦的咖啡馆。一开始，这些辩论社自然很喧闹，而后逐渐变得秩序化和排他化，成员在大厅和可提供点心的房间里聚会，每个人都竭力表现出自己最好的一面，聚会也变得高雅繁缛。

尽管大多数成员来自受到良好教育的上层社会和中间阶级，但参加辩论社的一场辩论会的会费仅为六便士，只要付得起这笔会费，任何人都受欢迎。这样一来，来自底层社会的爱好者也有机会参与。一旦进入会场，成员们就要讨论当天的主题，主题都事先在伦敦的报纸上公布过，内

▼ 这幅让人局促不安的版画表现的是一名新成员加入了约瑟夫二世时期的共济会维也纳分会。在被放逐的詹姆斯二世党人把共济会引入法国后，共济会遍布欧洲只是时间问题

▲ 在18世纪的法国，只有女性成员的共济会分会很流行，玛丽皇后的掌上明珠朗巴勒公主是其尤为热心的会员

加这样的辩论会的。但对那些不顾公众反对的妇女来说，收获是巨大的，因为这是妇女第一次有机会同旗鼓相当的男女同台论战，有机会发出她们的声音。自然而然，18世纪末的伦敦，只有女性会员的辩论俱乐部如雨后春笋般涌现，她们有机会讨论与女性尤为相关的话题和时政类话题，以及其他当时人们普遍关注的话题。

18世纪末，在伦敦和英国其他大城市，已有数十家正式的辩论社，其中有的辩论社还特辟特定的辩题，如妇女权利、奴隶制、宗教问题、自然史等。不过，当时最为常见的辩论主题往往都是极为激进甚至是有争议的，这些主题往往质疑教会、君主制和当前的统治秩序，自然会引起激辩。这些辩论社也因此而成为最受欢迎的辩论社，首都大多数正式的辩论社的活动动辄有超千人参加，如"雅典人"、西尔万辩论社、西敏寺论坛等。18世纪启蒙思想之所以能够广泛传播，这些辩论社功不可没。

容则从天主教的至高地位到人生的意义，五花八门，不一而足。

和沙龙一样，妇女也可以参加这样的会议（虽然并不鼓励，但也不禁止）。不过，在这个一提"女学究"（这是对求知欲强的女性的贬称）就面露不悦的时代，许多妇女是没有信心参

然而，当成千上万的人付费涌入大型辩论社的会场时，巴伐利亚光明会（Bavarian Illuminati）和共济会采取的是另一种极为不同的

组织方式，更为秘密。尽管共济会从15世纪已具雏形，但真正形成是在17世纪至18世纪，先是从苏格兰开始，而后随着流亡的詹姆斯党人传到了法国，内部实行严格的等级制，仪式极为神秘，定期聚会，这种组织方式留存至今。

包括狄德罗、伏尔泰、本杰明·富兰克林、孟德斯鸠、牛顿、卢梭等在内的启蒙运动时期的重要人物以及法国大革命时期的最重要的政治家，都是共济会分会的成员。他们之所以被吸引加入共济会，是因为共济会提倡自由主义，反抗王室权威，反对教会，赞成启蒙思想。追求个人启蒙是共济会的重要信条之一，这对这时期的知识分子来说更有吸引力，他们纷纷加入其中，结果就是共济会成为了启蒙时期最大的组织，仅大革命之初的法国就有超过10万的会员。

尽管启蒙运动最初是由为数不多的受过良好教育的男性知识精英推动的，但与其他运动不同的是，启蒙运动最终变成了实质是平等主义的运动，这是值得称道的，也是不同寻常的。这要归功于哲学家、皇家学会/科学院、科学家、社团的不懈努力，使各阶级都能接触新思想，每个人都有机会读到相关读物和参加会议。

18世纪初，识字率普遍不高，大多数普通家庭藏书甚少，而到了18世纪末，识字率提高了一倍，特别是之前权利受到剥夺的群体，更是如此。对劳工阶层的人来说，拥有图书，读小册子，参加公开辩论，这一切都培育了他们的热情，从而使他们积极参与1789年的法国大革命。

◀ 在整个18世纪，巴黎普蔻咖啡馆是知识分子最喜欢的聚会地之一，也是有组织的辩论圣地

妇女的地位

在妇女看来，启蒙运动是一个重新定义妇女的社会角色的难得机会，这个角色是全新的、令人振奋的。但要实现这样的自由，并不容易。

乔安娜·埃尔菲克（Joanna Elphick）

无论是作为女儿还是作为妻子，贤妻良母抑或妖冶撩人的勾栏女子，女性的地位和权力毫无疑问是受限的。妇女附属于男子，她们的角色取决于被依附者的需求。有钱人家会把女儿盛装打扮，在单身男子前炫示，就像是能带来回报的性感尤物，但必须是童贞之身，以确保合法继承人能光大门楣，当然，闺阁之内，她们尽可海誓山盟。

一旦将女儿嫁出去，当父亲的就如释重负，而女儿则要承担新的角色了——妻子。地位低下的妇女还要多多生子，让他们在工厂里做工、挣更多的钱来养活她们的丈夫。

从中世纪到文艺复兴，社会已规定好了妇女的角色，妇女被束缚在这些角色中，但她们并不满足于这样的家庭生活。宗教改革时期，由于宗教世界的摇摇欲坠和政治动荡，人们普遍有与生俱来的恐惧感，任何妇女，只要被认为不守妇道，就会招致没来由的憎恨。

结果，16世纪晚期和17世纪早期，出现了一桩桩令人恐惧的女巫审判的案例。不少无辜的妇女，仅仅因为独立的思想或想摆脱社会定义的性别角色而遭到迫害。对很多男子来说，宗教只是一个概念问题，而对妇女来说，如果想不信教，就要给出理由。宗教改革的扰攘过去之后，启蒙时代开启，对饱受摧残的妇女来说，她们终于等来了前所未有的机遇。

在所有的社会文化中，男子都是中心。17世纪的一篇文献是这样概括的："唯女子终身之

▶ 著名作家阿芙拉·贝恩创作的不少戏剧都极受欢迎。此后，知名的女性文学家越来越多

丹尼尔·笛福是妇女的支持者，这在当时是惊世骇俗的

笛福是作家，也是一名探险家，他以奇崛瑰丽的小说最为世人熟知，但人们往往注意不到的是，他对妇女的支持态度。

笛福的一生中，从事过很多职业，但不管从事什么职业，有一点是一以贯之的：为妇女的权利和自由而斗争，终身不懈，死而后已。

尽管对于妇女所受的压迫，笛福已经发出了很多声音，但由于没有多少男子会关注到他们妻子的苦境，笛福决定在自己办的报纸上登载"来信"，这些"来信"假装是读者写给主编的，往往妙语连珠，内容则集中探讨妇女的处境问题。许多有争议的主题，如妇女的教育权、拥有财产的愿望、对政治问题的思索等，都出现在了"丑闻俱乐部建议"栏目中，受到了读者的欢迎。作为主编的笛福则尽量用幽默的语言回答这些问题，使读者在读到嘲讽大男子主义的文字时，不禁莞尔。不过，这种轻松嘲谑的笔调，大大消解了问题的严肃性和争议之处，而笛福本来是希望对此进行严肃探讨的。

结果就是，笛福受到了女性的欢迎。当他受到游街示众的严厉惩罚时，伦敦的妇女竞相为他清洗伤口，为他提供馅饼和酒。还有妇女用鲜花装饰他的枷锁，使他受罚时仍能闻到花香，不至于很痛苦。

才女俱乐部

对于妇女教育问题，这个社团更谨守社交礼仪。

18世纪50年代，伊丽莎白·维西（Elizabeth Vesey）和伊丽莎白·蒙塔古（Elizabeth Montagu）创立了才女俱乐部（the Blue Stockings Society），起初主要是讨论文学问题，但很快发展成为知识分子的非正式聚会，主要探讨如何提高妇女的教育水平，而不仅仅是学些女红和社交礼仪。

之所以用the Blue Stockings Society（字面意思是"蓝袜俱乐部"）指称"才女俱乐部"，意在强调这些参会者对知识问题的探讨而不是对黑袜装束更感兴趣。这个俱乐部不讨论宗教、政治等有争议的问题，但鼓励讨论所有有关美术和文学的话题。

只有像塞缪尔·约翰逊、大卫·加里克（David Garrick）、艾德蒙·柏克等名流绅士才会受邀参加活动并向这些热心的妇女发表演讲，为此这些妇女愿意一边啜着饮料、吃着茶点，一边等待这些名流。

与沙龙不同的是，才女俱乐部的成员多来自上流社会，对为妇女权利问题而斗争这样的话题不感兴趣。这些举止优雅的妇人在男子中更受欢迎，没有像玛丽·沃斯通克拉夫特及其早期的女权主义支持者那样受到恶意中伤。沃斯通克拉夫特侵入了男子的政治世界，而才女俱乐部的妇人则谨守社交礼仪而不逾矩。

▲ 英国作家塞缪尔·约翰逊是才女俱乐部很期待的一位演讲者

德，服从为先。"举凡经济、政治、文化等社会生活方方面面的权力自然地落到男子手里，而从表面看，启蒙运动似乎并没有带来明显的变化。然而，家庭和谐的温情面纱之下，一个不易觉察的新动向正潜运暗转，因为家庭是妇女能展示一点点独立和自由思想的场域。

在文化领域和知识领域，男子们支持科学和理性，向宗教和迷信发起了攻击，与此同时，他们的妻女大开家门，使这些激进的思想有安全的栖身之所。在知识分子寓所的重垣厚墙之下，妇女可自由出入。毕竟，家庭才是属于她们的领域。雅谈不再发生于男人统治的公共的政治性建筑物里，而是移于屋内晨室、园中凉亭。沙龙文化出现了，这为那个时代的妇女提供了受教育的可能。

巴黎的沙龙经过了一段时间的发展，在随后的法国大革命中，沙龙更加流行起来，并迅速蔓延至从德国、意大利到英国、爱尔兰的西欧城市。仿佛一夜之间，妇女也可以参与知识问题的讨论了。在沙龙这样的活动中，父权式的等级制不复流行，妇女很快从单纯的女主人的角色而跃升为热衷辩论的辩手。

这些妇女不再满足于基本的读写能力的教育了。操持家务当然很重要，但若有机会，她们也能够胜任学术研究。当男子高谈阔论时，其实女人在置办酒馔时也在用心倾听，而且听进了每一句话。久而久之，她们的角色就发生了变化，不仅会参与决定拟邀请的嘉宾，还参与决定拟讨论的主题。女子的客厅就成了教室，咖啡馆在知识激发方面的功能，一部分就转移到了女子的客厅——以前咖啡馆是不欢迎女性参与讨论的。

在沙龙，社会等级不见了，代之以智慧的求索。贵族开始与资产阶级的女人接触，以前无所不在的社会壁垒逐渐被破除，两性之间可以开着无伤大雅的玩笑。 男子是否一开始就认为女子在知识水平方面能够跟上男子，这是见仁见智的问题。不用说，不少男子认为沙龙不过是轻松愉快的闲聊之所，但对有些人来说，女子冲出晨用起居室本身就是惊人之举。

若弗兰夫人的沙龙可以说是"社交圈的一个奇迹"。她从小孤苦伶仃，既没有显赫的社会地位，也没有姣好的面容，而这两方面被当时的男子极为看重。若弗兰改变了沙龙的样貌：把时间不长、有深夜夜宵的活动时间改到了下午一点钟，这样，整个下午都可以进行精彩的辩论，也不至于影响第二天要早起的嘉宾；提前做好一周的日程安排，这样志趣相投者可自由地交谈；星期一的晚上最适合艺术家，而星期三则吸引了文学爱好者。

与此同时，斯塔埃尔夫人（Madame Staël）生于权贵之家，又貌美出众。"在沙龙的鼎盛时期"，她的沙龙被认为是"巴黎最耀眼的沙龙"。她的社会地位意味着她不需要借助那些出入她沙龙的达官显贵们就可以扬名于世。在她主持沙龙期间，她还成为了一名重要的女政治家。

启蒙运动时期，妇女们把写作融入家庭场域，探索了能够打动人心的新的文学形式。女作家出现了，其中有的还从沙龙里的对话中找到灵感并发表了学术文章，有的则写小说、诗歌和戏剧。剧作家阿芙拉·贝恩（Aphra Behn）被认为是第一个专业女作家，带动产生了一大批深受读者欢迎的女作家。

还有人选择非虚构作品的写作，主题则是过去妇女根本不碰的问题。尽管是男子率先主张要进行科学探索、倡导理性，而聪慧的女性起初只是赞成男子的这种主张，但后来妇女们发现她们也可以进行科学探索，还提出了不少令人振奋的理论，大大推进了科学研究。夏特莱夫人即运用其丰富的数学知识及其对物理学的理解为牛

▲ 让-雅克·卢梭的精美雕像、纪念碑有很多，但在妇女能力这个问题上，卢梭的看法并非进步的，可谓逆启蒙时代之潮流而动

顿的重力理论提供了支撑。莱布尼茨虽然认为在微积分到底是谁先发现的这个问题上自己击败了牛顿，但他乐于承认自己深受早期的女科学家安妮·康韦（Anne Conway）的影响。昆虫学家、画家玛利亚·西比拉·梅里安（Maria Sybylla Merian）曾为至少两种甲虫、九种蝴蝶、六种植物命名。她不仅对昆虫研究充满热情，还极具商业头脑——她发现了可替代蚕的昆虫，因其成本更低，从而赚了一笔。在休夫之后，她创立了一家全是女性的商业机构，开始了环球旅行，还卖掉了泡在白兰地里的外国动物标本以增加收入。

女人"脑子不灵光"，不能进行独立思考和推理，这种说法如今已不被接受。玛丽·沃斯通克拉夫特开始为妇女教育问题而力争，尽管她承认男女有着根本的不同，但既然都是人，理应享有自然权利，其中包括自我教育、开发理性思索

▲ 若弗兰夫人的文学沙龙是令人向往的谈谊之地，在那里妇女也可以同男性知识分子就学术上的问题进行辩论

能力的权利。有这样想法的不止她一人。

法国作家德尼·狄德罗也支持妇女争取权利的运动："我们这些本身受过良好教育的人，却严重忽视了妇女的教育，我们会惊讶地发现，她们的博学多闻和文字作品足令她们闻名于世。"玛格丽特·卡文迪什（Margaret Cavendish）以文学的方式抨击了施于妇女身上的种种束缚，支持沃斯通克拉夫特及其他早期女权主义者的主张。不过，她的主张虽然于未来的变化可谓导夫先路，然而在当时实是应者寥寥。

启蒙运动是把双刃剑。一方面，启蒙运动展示了学习的奇迹，女子用富有激情的思想武装了头脑；另一方面，她们所享有的自由大为减少了。让-雅克·卢梭等就公然嘲讽过妇女的教育问题，认为那纯属浪费时间。他还认为，女人天生就是"内人"，就应围着家庭打转，而不幸的是，很多男子认同卢梭的观点。那种认为女人在所有事情上都能做得和男子一样好的想法，被认为是不可思议的，妇女们也很快做出了调整，以免成为众矢之的。妇女所能接受的教育内容又回到了音乐、对技巧要求极高的美术作品（如静物）和女红等。对财产权的要求，已经很少提及了，参与政治的愿望也戛然而止。

妇女当然可以继续写作、斗争，但只能在屋里写作、斗争。妇女当然可以创作出伟大的作品，但出版时只能用男性化的笔名。启蒙运动给全欧洲的妇女投来了耀眼的亮光，留下惊鸿一瞥。可惜的是，妇女的这场运动持续的时间并不长，在相当长的时间里，这样的机会再也没有重现。

▲ 社会对女士们的无形要求就是：在社交场合尽可能优雅，每时每刻都要端庄得体。除此之外，没有其他要求了

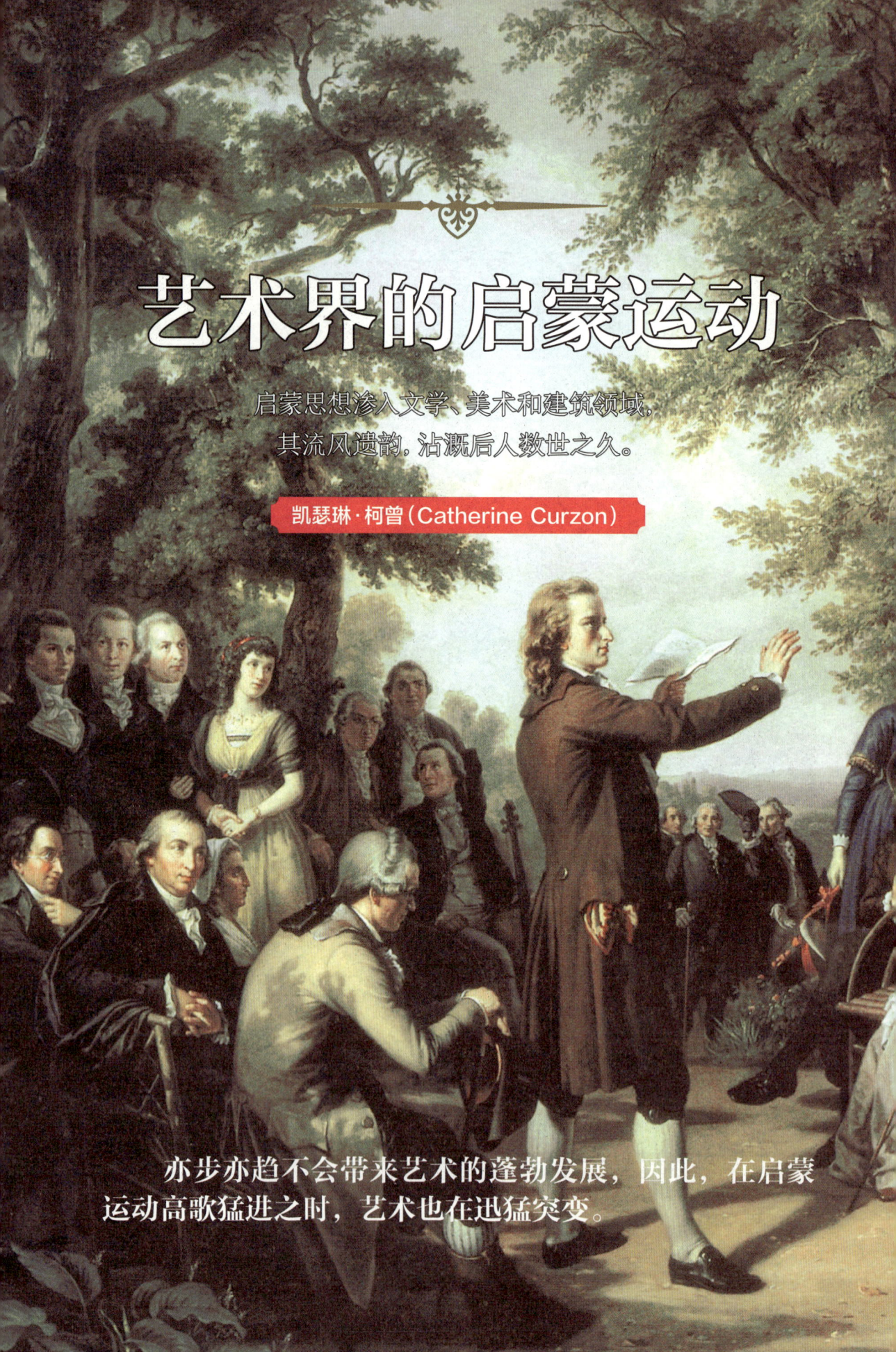

艺术界的启蒙运动

启蒙思想渗入文学、美术和建筑领域，
其流风遗韵，沾溉后人数世之久。

凯瑟琳·柯曾（Catherine Curzon）

亦步亦趋不会带来艺术的蓬勃发展，因此，在启蒙运动高歌猛进之时，艺术也在迅猛突变。

艺术家们从古典时代简洁的线条、流畅的作品中受到启发，于是开始了"壮游"。

启蒙时代改变了欧洲大陆的知识面貌。表现于哲学、艺术、政治的启蒙运动，可以说形塑了今天人们对18世纪的看法。启蒙思想家们至今仍为人称颂，而当时涌现的一大批大放异彩的艺术家、作家和建筑师，今天也被认为是当时的佼佼者。他们是勇于创新的人，他们的名字不仅镌于碑石之上，更是题于画布之上、著于书文之中，流传至21世纪。

启蒙时代是个人自由和理性被认为高于专制和宗教教义的时代。启蒙时代强调科学理性，与那句拉丁文箴言"sap ere aude"即"勇于认知"紧紧地联系在一起，强调的是个人学识和知识的重要性。

在艺术领域，启蒙时代开启之时，适逢洛可可风格大行其道。这种风格始于路易十五时代，脱胎于巴洛克时期，极尽奢华壮丽之能事，装饰尤极为夸张。但对于赞同启蒙思想的人来说，洛可可所代表的正是他们所反对的：它所表现的内容，都是充满了低级趣味的华丽盛装的贵族。启蒙时代的艺术家拒绝这种轻浮无用的主题，主张从古代的作品中找到更为纯粹的意识表现方式。

他们主张，如果艺术家想表现自然之奇观、自然之美，就要去奢去泰。就早期的启蒙艺术家而言，他们想要重新创造的那个理想，只能去古典时代的作品中寻找。他们从古希腊的雕像中见识了什么才是尽善尽美，那里的英雄形象简直是完美无缺，身体健硕，完美地体现了比例和秩序的理念。在古典的雕塑和绘图中，你见不到不和谐的地方，感受不到腐化堕落，你只会看到形态自然、明暗和谐的艺术作品，各元素之间近乎科学的平衡。

《米克罗梅加斯》

启蒙时代不仅回望过去，也仰望星空。

伏尔泰的《米克罗梅加斯》（*Micromégas*）首版于1752年，是有史以来最杰出的科幻小说之一。小说塑造了一个英雄，他的名字就是书名——米克罗梅加斯，他是天狼星系中12万英尺高的土著人，偕土星的朋友穿越银河系。当他们到达地球时，他们发现与他们打交道的人愚钝乏味、毫无进取心，汲汲于世俗之务，而不知他们身处的宇宙之壮阔。

伏尔泰的这部讽刺小说无关远古神话和宗教，而是提出了其他星球有无生命这样的问题。米克罗梅加斯这个人物的塑造是受到了牛顿的启发，他因做了足以挑战现有教义的科学实验而被自己的星球放逐了。在地球上，他受到鼓励，在自负的愚人中终于找到了哲学家，米克罗梅加斯于是向这些哲学家讲解启蒙思想，给了他们一本关于宇宙奥秘的书。但是，这是一本无字书，米克罗梅加斯就是想要哲学家们知道：没有什么伟大人物会告诉你生命的意义，你必须自己去发现。

▲ 在画作《太阳系仪》（The Orrery）中，德比的约瑟夫·赖特发现了科学中蕴含的美感，而理性犹如黑暗中的一道亮光

但是，亦步亦趋不会带来艺术的蓬勃发展，因此，在启蒙运动高歌猛进之时，艺术也在迅猛突变。艺术家们越来越注意采用更为自然的方式表现作品，而不是再现远古时代的作品。那种用自然主义的方式表现的风景画最受欢迎，这些风景画所表现的并非理想化的风光，而是自然的真实元素。作为对洛可可时代之腐朽的回应，这些作品无非是想表明：只要用心去发现，自然界中随处可见这种简洁、纯粹之美感。

艺术家们从古典时代简洁的线条、流畅的作品中受到了启发，于是开始了"壮游"（Grand Tour），到希腊和罗马查看经典时代的艺术作品，取法这些作品的创作之则。在那里，处处可见秩序和统一，科学的创作过程叩之在前，而启蒙思想家所提倡的理性应之于后。随着时间的推移，启蒙艺术题材转向了都市，致力于发现工业之奇、科学之美，而不是表现俗物。

这其中最有代表性的作品要属德比的约瑟夫·赖特（Joseph Wright of Derby）的画作了。他的作品捕捉到了科学实验的瞬间，展现的是科学的引人入胜之境，而不是贵族的浪漫。与此同时，在诞生并滋润了洛可可的法国，画家的关注点也从凡尔赛的权贵阶层移开，开始关注大街上普通人的日常生活。仿佛一夜之间，那个以前画家从未真正关注过的阶级，如今已是画家竞相关注的焦点。例如，画家夏尔丹（Chardin）就创作了不少反映劳工阶级日常生活的作品，如做晚饭、干家务、体力劳动这样的日常琐事，这样的主题是从来不会出现在洛可可风格的画布上的。

英国的威廉·霍加斯（William Hogarth）也创作了不少此类作品，其画作中的人物有街头

▼ 哲学家德尼·狄德罗是欧洲启蒙时代的重要推手之一

小贩乃至他们的家庭佣人等。这些画作颂扬的是他们所想象的劳工阶级日常生活的淳朴自然，认为劳工阶级的日常生活都是在踏实的工作中度过的，而不是在无所事事地、百无聊赖中度日。这正是启蒙艺术家的主张，即穷人之高于富人，并不是指世俗层面的，而是体现在更高的层面上。

但启蒙艺术并非仅关注劳工阶级，也关注中产阶级。英国的画家也曾着力表现贵族之腐朽奢靡，但在巴洛克风格中引入欢快、幽默的元素后，他们又开始着力刻画勤劳理性的资产阶级，而不再关注寻欢作乐的贵族。一时之间，洛可可和启蒙风格平分秋色，例如，弗拉戈纳尔（Fragonard）的作品既有身着丝绸的妇人，也有健硕的男子，而同时代的格勒兹（Greuze）则以寥寥数笔的室内人物画像传递了某种道德判断。尽管有人赞颂这种题材和风格的转变，但启蒙运动的批评者则认为，新的艺术风格鼓吹众阶级的平等，而这恰恰开启了法国大革命——启蒙运动终止之日，正是法国大革命爆发之时。

在油画、插图、雕塑等美术作品表现启蒙运动的信念的同时，文学也在朝这个方向前进，其中最能体现启蒙时代的作品要属狄德罗的《百科全书》了，该书共28卷，1751年至1772年在法国陆续出齐。

詹姆斯·怀亚特

詹姆斯·怀亚特（James Wyatt）被称为"毁灭者"，他是乔治三世最钟意的建筑师，红极一时，尽管他也有灾难性的失误。

在建筑方面，詹姆斯·怀亚特是罗伯特·亚当的最大竞争对手之一，但就建筑的外形和功能来看，怀亚特设计的建筑几乎没有体现出启蒙思想。历史学家给他起了个不太好听的绰号——"毁灭者"，怀亚特热心于达拉谟（Durham）、赫里福德（Hereford）、索尔兹伯里（Salisbury）大教堂的"复原"，而历史学家则对此不以为然，因为这些大教堂建立之初更多体现的是哥特式的设计理念。他是不知疲倦的设计者，在设计建筑图纸时，就连家具乃至餐具都要考虑在内，可谓巨细靡遗。他还在所设计的富丽堂皇的房子中采用了工业技术制造固定设施和可拆除装置。

凡是找到怀亚特设计的，他基本都是有求必应，结果就是，他设计的建筑多不能按时竣工。不仅如此，对于1807年由于自身的重量而倒塌的放山修道院（Fonthill Abbey）高塔，他也是有责任的。让人感到惊奇的是，这些都没有影响到他的影响力。

尽管有人认为他的作品简朴凝重，甚至可以说毫无美感，但在1813年他去世时，他还是得到了包括乔治三世和欧洲王室成员在内的最有权势的拥护者的认可。在他去世时，他已无力偿还债务，妻子因欠钱而被关进债务人监狱。尽管如此，他还是被体面地葬在了威斯敏斯特大教堂（Westminster Abbey），跻身那个时代的伟大的建筑师之列。

▲ 詹姆斯·怀亚特名声在外，那些显赫的人物多是他的主顾

狄德罗的目标是冶古今所有知识于一炉，使人类不仅更为博学，而且通过对知识的归类和不带情感、不假修饰的理解，使其品行更为端正。狄德罗的百科全书所设定的目标群体为所有社会阶层的读者，因为人人都希望通过学习提升自己。就连启蒙作家所运用的写作风格也有意与之前的作者对抗，他们往往采用平实、如实、客观的笔调进行写作。他们更强调逻辑和方法，而不是挖空心思的情感表露。

法国的启蒙思想家更愿意称自己是"philosohpes"（启蒙思想家），这个词语很快风行于全世界的知识界。他们并不认为自己属于某个社会阶级、某个国家，而是认为自己是这个星球上彼此平等的公民，因对知识的热爱而走到了一起。

尽管法国的支持者对启蒙运动最为热心，但其实当时欧洲的知识分子都加入了启蒙运动的大合唱中。英国的艾蒙德·柏克视启蒙理论为自然结论，他曾写下《论崇高与美丽概念起源的哲学探究》（*A Philosophical Enquiry into the Origin of Our Ideas of the Sublime and Beautiful*）一书，想要找出艺术作品中美的构成元素，还要把观看者的反应归到不同的美的类别中。把情感反应变为理性思索，这已是极为大胆的想法，他还试图为"冲动"找到原因。

正当启蒙运动早期的艺术家从古典作品中寻找创作灵感时，作家亦复如此。启蒙运动曙光初露之时，文学上也迎来了全盛期即所谓的"奥古斯都时代"，文学家们从奥古斯都的时代寻找灵感，把维吉尔（Virgil）、贺拉斯（Horace）等的作品奉为圭臬。"秩序"和"逻辑"成了关键词，理性和辩论是作家们最关心的问题。科学杂志大量出现，声息互通是这场运动的基础，辩论社成为启蒙运动的拥护者的聚会之地。

古希腊和拉丁文本固然至简至善，但这也意味着艺术家和启蒙思想家们为之大声疾呼的劳工阶级和穷人在其中没有一席之地。尽管塞缪尔·约翰逊等人想把语言进行归类和界定，但最终，启蒙运动所提倡的民众教育还是没能渗透到劳工阶级和最底层的穷人那里。

启蒙时代更为关注的是大街上的普通人身上的某种东西，更关注现代欧洲的经验而不是古罗马的经验，因而很快把奥古斯都时代的思想家抛到了脑后。乔纳森·斯威夫特是这个时代最著名的作家之一，他的作品带有几分嘲讽的意味。在他最著名的作品《格列佛游记》（*Gulliver's Travel*）中，与书名同名的英雄格列佛遇到

▲ 18世纪威廉·霍加斯创作的油画《卖虾姑娘》（*Shrimp Girl*）

了傲慢自私的"雅虎"（Yahoo），与之形成鲜明对比的是高贵的"慧骃"（Houyhnhnm），后者以理性为标准评判一切。斯威夫特的作品寓讽于谐，很受读者欢迎。这种表现手法，就连以语言辛辣著称的亚历山大·蒲柏（Alexander Pope）等作家也不如斯威夫特运用得得心应手。

情胜于理、铺采摛文之作，逐渐让位于写实般的现实主义和那些有烟火气的叙事，而这些恰恰反映了作家们开始对贴近现实生活的小说感兴趣。丹尼尔·笛福和亨利·菲尔丁（Henry Fielding）等作家的小说所讲述的并不是帝王将相、传奇人物、凡尔赛的显贵的故事，而是水手、出入咖啡馆的小人物的故事。他们的作品也不乏道德训诫，使读者在自身面临困境时，也能从自身的生活而不是教堂的讲坛上找到答案。

▲ 格勒兹从淳朴和艰辛劳作中而不是从堕落颓废中发现了美。图中表现的就是妇人削芜菁做晚饭的情景

早期启蒙艺术和文学的基础是古典主义，古典主义在建筑方面体现得最为明显。古希腊、古罗马建造的平衡和线条简洁的特征，很快也出现在伦敦和巴黎。在16世纪的建筑师安德烈亚·帕拉第奥（Andreas Palladio）的带动下，古典主义设计很快风行，已成为最时尚的设计风格。帕拉第奥本人则是从古罗马建筑师维特鲁威（Vitruvius）那里获得灵感，由于建筑学家伊尼戈·琼斯（Inigo Jones）——他得到了君主和统治阶级的认可，并成为他的主顾——的喜爱，帕拉第奥的建筑风行欧洲。启蒙运动时期的建筑，新古典主义的影响是最大的，无论理念还是外形，都注重几何学的运用。

▲ 詹姆斯·怀亚特设计的放山修道院虽壮丽宏伟，但并不坚固耐久，建成后仅过了25年即轰然坍塌

在启蒙风格建筑师那里，数学、几何学等理性思维体系本身就是美。

尽管像罗伯特·亚当等著名的建筑师的设计是以数学上的精准为基础，但他们是将简洁的石柱和穹顶与精巧的建筑结构结合起来，从几何学中找到和谐。这股新潮流的核心就是对称和比例，建筑设计不仅要好看，还要做到整体结构上的和谐。建筑不应仅仅为了好看，其结构还应体现工程学和逻辑，从而实现结构与外表的平衡。在启蒙风格建筑师那里，把数学、几何学等理性思维体系作用于石料之上，这本身就是美。

1759年正式开放的大英博物馆最好地体现了这一点。这是一座启蒙运动风格的建筑，里面放满了启蒙运动时期的各种资料，目的是让所有想体验的人都有机会接触到各学科的知识。博物馆的外表是古希腊的风格，内中就是科学和理性的圣殿。这是形式与功能的极致表现，是建筑外观与内容完美和谐的统一。

但是，和之前的各个时代一样，启蒙时代也不可能万古长存。启蒙运动也不是其支持者所希冀的无所不包的富饶之地。博学诚然了不起，但实际上那些被艺术家所称颂的人物，都是在长时间的辛勤劳作中度过的。霍加斯的卖虾姑娘是不可能在大英博物馆里待上一整天的。

德比的约瑟夫·赖特

德比的约瑟夫·赖特因其在画作中宣扬工业而闻名于世。

德比的约瑟夫·赖特是月社（Lunar Society）的著名创始人之一，而月社是由英国中部地区的实业家和科学家组成的一个组织。他们主张，为了人类的福祉，应将科学和工业置于宗教之上。

整个18世纪流行的是洛可可风格的油画，反映的是卿卿我我和贵族之乐，而赖特的油画并非洛可可式的，他着力刻画的是科学实验、哲学演讲这样的场景，因为在这些活动中，你可从描绘科学实验之美而不是豪奢的享乐场景和宗教题材的绘画作品中体验那种惊异感。赖特也创作了不少反映工业的场景，他从那些远离洛可可式的浪漫史和风流韵事的主题中寻找灵感。

在赖特的作品中，有的表现了在半明半暗的房间里做实验的情形，这其中唯一可见的光源就是烛光。这实际上是个隐喻：黑暗代表的是以往的迷信，科学犹如摇曳的烛光，照亮黑暗，驱散黑暗。伊拉斯谟斯·达尔文（Erasmus Darwin）是赖特的同道者，也是月社的成员，他的孙子查尔斯后来出版了具开创意义的《物种起源》一书，在科学与宗教的论战中独树一帜。

▲ 德比的约瑟夫·赖特的油画卓尔不凡，很好地表现了启蒙时代和科学的魅力

在启蒙运动之初，工业曾被理想化，但现在已如把工人的生活牢牢控制其中的铁拳，随着资本主义的出现，工业迎来了大发展时期。18世纪的人们信奉理性世界的观念，他们曾坚信辛勤的劳动和清晰的思想，现在也开始发生了转变。并非每个人都是资产阶级的绅士，启蒙运动中关于自由的理论固然很好，但对那些起早贪黑地劳作以养家糊口者来说，他们没有时间去自我提高，遑论请人画像。

反启蒙运动的哲学家和艺术家所拒斥的是排除了神话和信仰的启蒙运动，他们想要回到社会稳定的传统社会结构中。像法国大革命这种改变了世界的事件，就是一个证据，这个证据并非证明了理性和民主的重大胜利，而是证明了为了追求理性而遗忘了道德。但从今天的眼光看，启蒙时代是文学、艺术、建筑最好的时代。尽管这个时代会过去，但在整个欧洲又无处不在，在很多人看来，这是18世纪最伟大的成就之一。

萨默塞特府

1775年,威廉·钱伯斯(William Chambers)着手设计泰晤士河岸的新萨默塞特府(Somerset House)时,采用的是当时流行的新古典主义风格。四年后,这里成为皇家美术学院所在地,不久就成为启蒙运动的中心,1780年,皇家学会和文物学会也迁入其中。

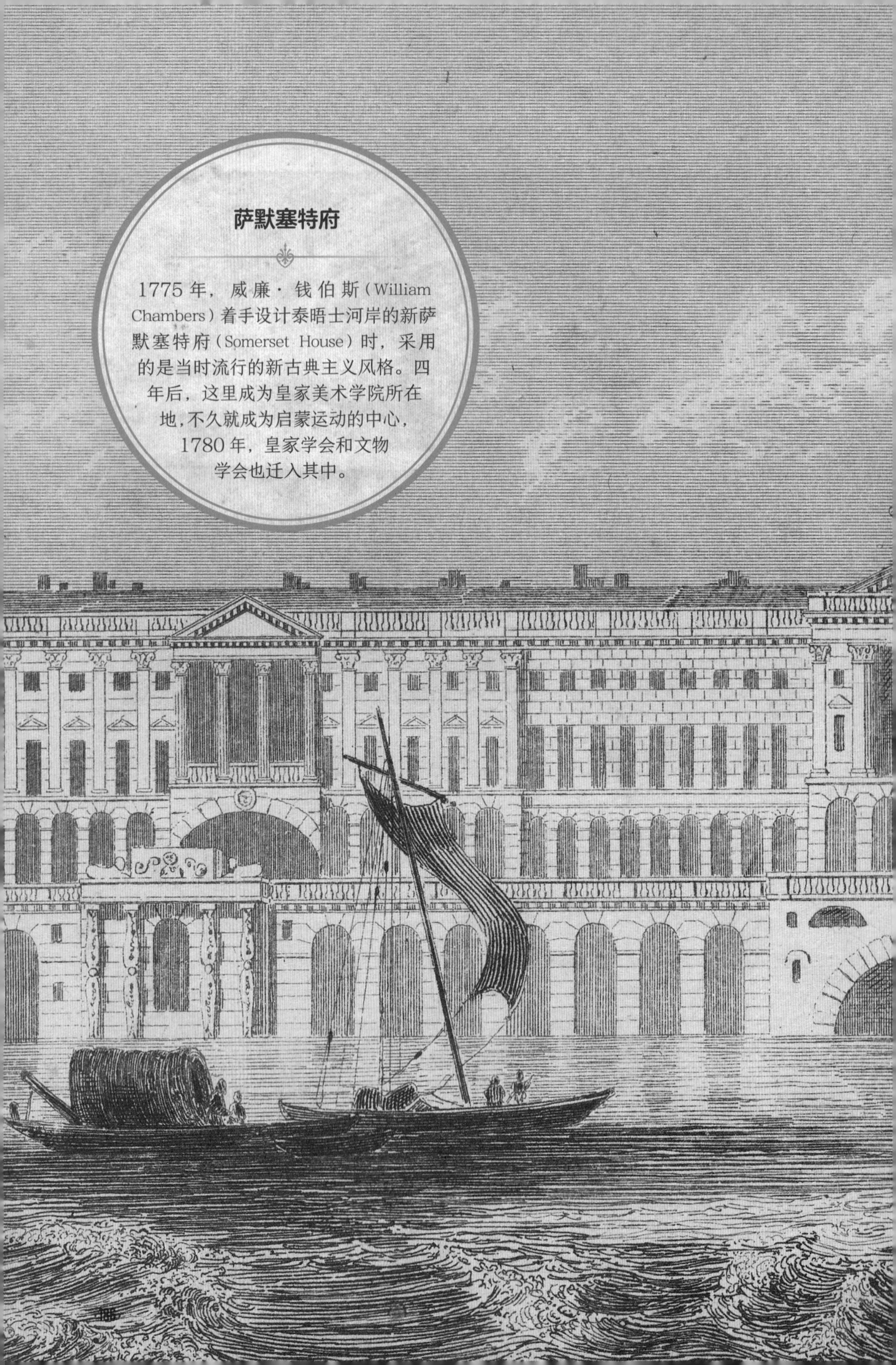

▼ 腓特烈大帝喜欢演奏长笛,还愿意尝试各种新音乐

启蒙运动中的音乐

当音乐成为改变世界思维方式的手段时，
乐曲与新思想就能和谐无碍。

琼·伍勒顿

在那时，几部最著名的作品的主题都直指之前的禁忌性话题。

▲ 叶卡捷琳娜大帝决定开启她治下的俄国音乐的现代化进程

沃尔夫冈·阿玛多伊斯·莫扎特的歌剧《魔笛》（Magic Flute）在1791年甫一上演，就火爆异常。该剧在维也纳首演时，吸引了很多观众，还有很多人是多次观看。在启蒙时代行将结束之时，该剧的出现恰好突显了过去一个世纪的变化之大。所有这一切，一言以蔽之，可称之为有激进思想的平民主义。启蒙时代的音乐亦复如此。

一如启蒙时代的哲学家和作家，启蒙时代的作曲家也认为艺术应面向大众，音乐可为社会各阶级所有。几百年来，音乐都是为教会和王宫的演出而创作的，新的思想则关注的是如何让所有人都能享受到艺术。在18世纪早期，当巴洛克时代开始让位于古典主义时，越来越多的人认为，音乐和语言文字一样重要，在消除迷信、传递真相方面，音乐和文学的效果是一样的，甚至有过之而无不及。在启蒙时代，不少人认为音乐可揭示人的境况，可为所有人共享，因而受到了前所未有的关注。

启蒙运动中的伟大作品集《百科全书》就有上百条关于音乐的词条，其中大部分是由让-雅克·卢梭撰写的。这位伟大的思想家同时也是一位作曲家，深信音乐这种艺术形式的社会影响力，1752年至1754年，他写了不少关于音乐哲学的作品。卢梭认为，音乐的真正意义在于情感的沟通，他的几部重要作品，包括1752年创作的歌剧《乡村占卜师》（Le Devin du Village），都把人的经历作为核心要素。《乡村占卜师》的剧情是：占卜师先对一对恋人实施了欺骗，然后真爱战胜了一切。该剧也传递了一个重要的信息，即反对当时很多人都相信的迷信。随着这些歌剧的流行，反迷信等思想也随之扩散。

这就是启蒙时代音乐的主题。那时的几部最著名的作品的主题都直指之前的禁忌性话题，这些作品宣传了启蒙思想，挑战了一些积久成是、习焉不察的观点。教会和贵族赞助者主导的不少宏大作品，其目的就是要确保教会的道德训诫得到尊重，因而这些作品的主题是伪善的，对于大众来说，没有多少吸引力。在启蒙时代，音乐作品的重要作用之一就是揭示人的真实状况并广而

启蒙音乐家的一个重要目标就是：在尽可能大的舞台上为尽可能多的人表演。

告之,把一切都置于公共领域,因而爱情、背叛、人类知识的力量等,成为启蒙时代音乐作品的主题。

在莫扎特的一部歌剧中,他把著名的浪子唐·璜(Don Juan)作为中心人物,而以合唱乐和管弦乐闻名的约瑟夫·海顿(Joseph Haydn)则创作了几部有关爱情和欺骗的歌剧作品。作曲家克里斯托弗·格鲁克(Christoph Gluck)则用古代著名的传说(如俄耳甫斯)来挑战现时的道德教条。

卢梭则主张,在传播思想方面,歌曲和文学作品的重要性是一样的,于是,作曲的结构也受到了挑战。巴洛克时期的早期,是调性音乐崛起的时期;而在巴洛克时期后期及古典时代早期(恰逢启蒙运动的高峰期),作曲家们则普遍改变了创作方式。海顿让室内乐发生了革命性的变化,使之更受欢迎——他采用的是流行的钢琴三重奏的方式。

在德国和奥地利,歌唱剧获得了进一步发展且日益流行。歌唱剧是一种音乐表达方式,是念白、歌唱和三节联韵诗的混合体。约翰·塞巴斯蒂安·巴赫(Johann Sebastian Bach)创作了复杂的变奏曲,其中包括六声部赋格。格鲁克在改变音乐剧的概念方面贡献甚大,他结束了悲歌剧一统天下的局面,音乐剧的结构开始发生变化,变得更短、更容易为人所理解。

启蒙音乐家的一个重要目标就是:在尽可能大的舞台上为尽可能多的人表演。这样一来,成功的作曲家固然可以得到即时回报,而如果人人都可以接触音乐的话,那么其他人也会跟着受益。由于演出的需求在不断增加,印刷乐谱的交易随之增多,而歌唱家、演员、音乐家的演出机会也就越来越多。遍布欧洲大陆的沙龙和咖啡馆本来就是讨论新思想的地方,如今音乐也成为这里辩论的热门主题,而且还第一次出现了关于该

▲ 启蒙思想家的目标是:观众和听众能够经由音乐而怀疑、颠覆已有的观念。图为座无虚席的音乐会大厅

▲ 莫扎特的代表作《魔笛》早期上演时的情形。这是一部充满启蒙思想的歌剧

主题的广为发行的手册。在启蒙思想已在欧洲生根发芽之时,他们开始讨论已初露端倪的新的音乐表达形式。

但是,变化其来也渐,不易为人觉察。尽管莫扎特创作的作曲——包括《魔笛》和《费加罗的婚礼》(The Marriage of Figaro)——大获成功,但他仍需要有人赞助才能维持下去。启蒙时代的音乐家一直挣扎游走于以下两种情形:是创作适合大众的作品,还是拥有足够的钱款以自由

地创作？幸而，不少雄心勃勃的统治者已接受了启蒙思想，这使得那个时代的更多的人有机会接触音乐。

莫扎特的重要赞助者是奥地利皇帝约瑟夫二世，后者在位期间热心于"开明专制"，可谓念兹在兹。约瑟夫二世是莫扎特和其他冉冉上升的音乐天才的赞助者，为此还获得了"音乐国王"的雅号。约瑟夫二世命莫扎特创作的作品是1782年的《后宫诱逃》（The Abduction of the Seraglio），1782年在维也纳首演。由于公众对欣赏音乐的热情逐渐高涨，约瑟夫二世成立了国家歌唱剧团，以推动德语作品的出演，该剧即由这个剧团出演。

普鲁士腓特烈二世也想让更多的普鲁士人有机会欣赏到音乐。位于波兹坦（Postdam）桑苏西的王宫成了音乐天才的荟萃之地，因高水平的表演而闻名，是普鲁士王国各种音乐的源头。他继位后先是建造了1742年正式开放的柏林歌剧院，他所赞助的音乐家中就有巴赫的孙子卡尔（Carl）。

俄国沙皇叶卡捷琳娜大帝也高调支持启蒙思想，并把启蒙思想融入音乐之中，还鼓励俄国的歌剧事业。她的前任安娜沙皇和伊丽莎白沙皇已把歌剧引入俄国，而叶卡捷琳娜则进一步推进了歌剧在俄国的发展。她把马克西姆·别列佐夫斯基（Maksym Berezovsky）等作曲家送到意大利学习新的创作手法，使俄国的音乐有所借鉴。在她统治时期，米哈伊尔·索科洛夫斯基（Mikhail Sokolovsky）等音乐家开始创作俄国风格的歌剧，叶卡捷琳娜本人即参与创作了好几部剧本。1783年，她成立了帝国歌剧院，下令建设国家大剧院（Bolshoi Theatre），使之成为音乐演奏和大型舞蹈表演的场地。

这是回荡在整个欧洲大陆的潮流。歌剧院成为投资的热点，越来越多的人喜欢上了音乐。

▲ 《乡村占卜师》中的一幕

▲ 那些认同开明专制的君主，多热衷于音乐，约瑟夫二世即如此

与此同时，正在进行中的工业革命也使得乐器更容易制造，中产阶级的人数越来越多，他们也能买得起乐器，也想在自己的家中享受一下贵族的生活。

音乐方面的印刷物也发行甚广，是向社会更广泛地传播思想的另一种方式。重要作品的首演都会选择在欧洲著名的大城市里进行。对作为表演艺术的音乐的需求催生了大量的业余演员，他们把那些家喻户晓的音乐作品也带到了农村地区。

与此同时，法里内利（Farinelli）等歌剧明星也成为名人，其声望足以与他们所表演的作品的作曲者相颉颃。到18世纪末，音乐家们竞相创作那些可改变人们思想观念的、文不甚深的平民化的作品，就连莫扎特等音乐家也要投歌剧明星之所好而创作，以期由他们出演自己的作品。

在此背景下，《魔笛》上演了，此时正是启蒙运动的全盛期。故事的中心思想是人的思想从迷信到理性和摆脱蒙昧的转变，这是莫扎特专门为歌剧演员量身打造的，而演员则通过这些启人以想象力的乐曲，把该剧演绎得活灵活现，从而确保歌剧院前排座位每晚都能满座。该剧数月之内即风靡欧陆，把新思想传递给了更多的新观众。哲学家一直梦想通过艺术之美讲述道理之真，而启蒙时代最著名的作曲家已用生动的实例证明了该方案的可行性。

让音乐走向大众

韩德尔的爱国音乐激发了很多人，实现了启蒙运动的梦想——把艺术带给所有人，而不仅仅是统治阶层。

尽管启蒙运动撼动了根深蒂固的宗教观点，但有一位音乐大师发现了借国教向大众普及乐曲之机。韩德尔（George Frideric Handel）是位于伦敦的皇家音乐学院总监，他对大斋节期间演出的各类音乐做了严格的规定，为的是为他最大胆的作曲找到知音。

音乐应成为大众的娱乐项目这种观念已经逐渐为社会所接受，韩德尔深知，在伦敦，有成千上万的人在大斋节期间想听音乐会，因为那时剧院将停演各种剧目。为此，他创作了一系列清唱剧，这些清唱剧是宗教主题的，可以在大斋节期间上演。那些极度渴望晚上有活动的观众，蜂拥而至。

韩德尔看到了清唱剧的力量，认为可通过清唱剧把音乐带给更多的听众，于是他在此类作品的创作上投入了大量精力。他还是一名精明的商人，他很快就意识到：与歌剧表演相比，清唱剧剧情更为简单，舞台表演不必大费周章，因而效益更高。他对此类艺术形式的创作充满激情，创作出了包括《弥赛亚》（Messiah）在内的18世纪最著名的作品。

▲ 如何让音乐拥有尽可能多的听众，韩德尔可谓深谙其道

音乐学院

图中表现的是位于今日德国耶拿的音乐学院的节日音乐活动。耶拿是德国启蒙运动文化中心,这里的大学吸引了很多人,其中既有哲学家黑格尔、费希特等,也有诗人弗里德里希·施莱格尔(Friedrick Schlegel)、歌德等。

▼ 即使是在排得满满的巡回演出的空档,孩子们也会抽时间练习日课

另一个莫扎特

在18世纪，以其天赋而震铄世界的莫扎特，
其实不是一个人，
而是两个人。

1829年，英国作家玛丽·诺韦洛（Mary Novello）拜访了年迈的玛利亚·安娜·莫扎特（Maria Anna Mozart），后者是闻名于世的作曲家的姐姐。这位英国作家被眼前的一切震惊了：这位老妇人双目失明，穷困潦倒。孤独的老妇人虚弱无力，疲惫不堪，几乎说不出话来，眼神充满哀怨。正是在这一年，玛利亚·安娜去世，享年78岁，葬于她的出生地奥地利萨尔茨堡（Salzburg）。但是，诺韦洛搞错了，眼见不一定为实：这位老妇人并非穷困潦倒，她身后留下一笔巨款，只是她选择了删华就素而已。

没有多少人真正了解玛利亚·安娜及她的人生，因为她弟弟太耀眼了，她仿佛生活在她弟弟的阴影里。即使到了今天，她的天赋到了什么程度，我们都不得而知。和那时大部分女音乐家一样，没有人记录她的作品，她本人也没有机会大放异彩。这位老迈而失明的妇人身上到底发生了

▲ 沃尔夫冈经常出现在他姐姐的日记里，只是用的是第三人称

▲ 1783年，沃尔夫冈和南内尔的最后一次会面

什么，将是永远的谜。但她对她的弟弟——被誉为有史以来最伟大的音乐大师之一——的影响，就值得大书特书了。

玛利亚·安娜的爱称南内尔（Nannerl）更为人们所熟知。她出生于1751年之夏，父亲是利奥波德·莫扎特（Leopld Mozart），母亲是安娜·玛利亚（Maria Anna）。利奥波德并不是一个好相处的人。他固执倔强，意志坚定，他母亲希望他以后能当牧师，但他违逆母亲的意愿，想当小提琴手和风琴手，成为一个音乐家。他决定追逐梦想，为此母子生分，但这也更加坚定了他要成功的决心。不少传记作者都会强调南内尔的父亲对她的影响，但实际上是她的父母共同影响了她的生活：父亲态度坚决，雄心万丈，而她的母亲则对她父亲听之任之。

当七岁的南内尔坐在大键琴前准备演奏的时候，她的弟弟沃尔夫冈马上跟了过去。这个男孩比她小四岁半，把他姐姐当成了偶像。为此姐弟俩还发明了一套只有他们才懂的暗语，还幻想着他们统治着王国，弟弟是国王，姐姐是王后。

等南内尔长大了，可以学习演奏了，沃尔夫冈自然也提出了同样的要求。当时沃尔夫冈才三岁，学音乐自然太早了，但沃尔夫冈的一个优势是：他们的父亲在教他们音乐时，他的姐姐愿意担任他的教学助手，给沃尔夫冈演示、讲解。姐弟俩很快就崭露头角。

1762年，利奥波德认为他的这一对神童儿女已可以为音乐会演奏了，维也纳之行时，他们还在王宫为玛利亚·特蕾莎女王演奏过，证明了他们的实力。利奥波德意识到这一对儿女将给他带来机会，而小小的年龄正是可资利用的，于是他放弃了自己的梦想，专注于他的子女。1763年，他计划来一次游学旅行，想让他的一双儿女凭其音乐天赋征服欧洲最有权势的人。

莫扎特一家的旅行，所费不赀，三年来，他们一家游遍了中欧和西欧最大的城市。利奥波德在计划游历时，显然没有想好赚钱的事情，实际上，他们所挣的钱大部分都花在了无节制的生活开销上了。

利奥波德想要证明一些东西。他希望他的一双儿女的音乐天赋能影响到整个欧洲大陆。他本人已升任萨尔茨堡大主教管弦乐队的"副乐长"即指挥，但也到此为止了。在接下来的几年里，他将被边缘化，只能眼睁睁看着别人升到比自己更高的职位上，但这是他心甘情愿做出的牺牲，因为他觉得把精力放在儿女身上更值得。利奥波德虽然严厉、专横，但为了儿女，他愿意放弃其他任何东西。

对南内尔来说，这段经历可以说是激动人心，开阔了眼界，改变了她的人生。年仅11岁的她，又是个女孩子，就经历过其他人一生都不会经历过的事情，看过其他人一生都看不到的东西。音乐改变了她的生活，尽管她父亲对她的音乐学习要求很严，令她疲惫不堪，但她还是很喜欢为他们游历时经过的宫廷演出。

尽管到了今天，沃尔夫冈是音乐界的翘楚，但在当时的宣传材料上，大多数时候的主角都是南内尔。她在演奏音乐大师们创作的作品时，极其娴熟，被誉为"乐器演奏能手""神童""天才"。她博得了从慕尼黑到巴黎、从伦敦到苏黎世的观众的交口称赞。

对小沃尔夫冈来说，在这次旅行中，他并不仅仅是跟着姐姐走而已。这个七岁的瘦小男孩戴着假发，腿还不够长，脚够不到踏板，自然惹人注目，但他姐姐的演奏水平更为耀眼。姐弟二人有一点极为不同：南内尔自孩提时代即目睹母亲总是依从父亲，此后她就专注于她学到的东西，把它做到极致；而沃尔夫冈则富于创造力。

1764年，利奥波德行至伦敦城外时，不幸染病，两个孩子被要求保持沉默。沃尔夫冈此时央求他最亲密的支持者也就是他姐姐，帮他写下他的第一支交响曲。数年之后，南内尔还记得他当时是这样说的："你要帮我记下我为这些圆号谱的好曲子。"

至于是南内尔仅仅记下了她弟弟告诉她的曲谱，还是姐弟俩合作创作、南内尔也提供了一些建议，就不得而知了。不过，要说他央求他姐姐仅充当一名安静的抄写员，恐怕不大可能。毕竟，他崇拜他姐姐，把她当成偶像。他们姐弟自然也会暗中较劲，但毫无疑问的是，沃尔夫冈会敬重他姐姐的能力，因此，如果说他姐姐给他提供了一些建议，倒也不突兀。交响曲最终冠名沃尔夫冈，因此，我们得承认他的才华和天赋，年纪轻轻就创作了这样的交响曲。但是，也决不能忽视他姐姐对他的音乐才能养成时期——特别是

沃尔夫冈的妻子

这位不受待见的妇人却使得这位著名作曲家创作的作品得以流传。

沃尔夫冈·莫扎特的不少传记作者对传主的妻子没有好话。她被认为是一个笨拙的女人，爱卖弄风情，对她丈夫有不好的影响。在她活着的时候，很多人就是这样认为的，但这并不是真的。

康斯坦策·韦伯出身于曼海姆的音乐世家，曼海姆是重要的音乐之都，韦伯家族出过不少天资聪颖、演奏技艺娴熟的音乐家。但莫扎特一家对这桩婚事不满意的原因之一是，在他们结婚前，康斯坦策就搬到沃尔夫冈那里，还没等利奥波德答应就结婚了。

不少人认为康斯坦策是个荡妇，但实际上她是个精明的商人。莫扎特负债时，她的应对之策是搬家、放贷、出版作品。她本人偏好巴洛克对位法这样的音乐风格，这对她丈夫的影响很大，不仅如此，她丈夫还专门为她创作了女高音独唱曲。

康斯坦策对她丈夫的全力付出，并没有随着他的去世而终止。当时她才29岁，带着两个孩子，她策划了纪念音乐会，以此保证全家有稳定的收入，也可让她丈夫的作品得以流传。她还到德国和奥地利旅行，和她声名颇佳的姐姐阿洛伊西娅（Aloysia）演奏她丈夫的作品，让越来越多的人喜欢上了莫扎特的音乐。

即使康斯坦策后来再婚，她也仍念念不忘她的前夫。她和她的新夫乔治·尼森（George Nissen）一起，致力于出版莫扎特的音乐作品，撰写莫扎特的传

▲ 康斯坦策也出身于音乐世家

记。尼森死后，康斯坦策独自一人宣传莫扎特的传记，并把它卖给出版商，此举不仅给她带来了一笔可观的收入，也是对她两任丈夫的持久纪念。

沃尔夫冈性格形成的时期——的影响和作用，无论是作为和他一样的作曲者，还是哪怕仅仅是童年的沃尔夫冈的力量之源。

不幸的是，这种关系突然中止了。1769年，南内尔已18岁，到了谈婚论嫁的年龄，她父亲也提示她表演生涯该结束了。父子俩继续在欧洲旅行，给各色观众演出，而此时的南内尔只能和母亲待在家里。

尽管南内尔写了很多信，但她并没有怨天尤人，也没有流露出对父亲的不敬。她表现出惊人的服从，毕竟，她是她那个时代的产儿。在那个时代，妇女还不能发出自己的声音，因此，假如在这个问题上她和父亲据理力争，由此而来的流言蜚语足以摧毁这个家庭。这个曾经生活在音乐和旅行中的女孩，如今不得不中止演出，遵父母之命而行。

尽管姐弟分开了，但他们之间的联系依然紧密。沃尔夫冈还开玩笑，用"马面"称她，在给她的信中，也不乏他与最亲密的同伴之间才有的荤段子。更重要的是，他给她寄去他的作品，希望得到她的认可，一再请求她"不妨直言不讳"，央求她给他写信，哪怕她不置一词。

南内尔日渐憔悴，只能看着她弟弟被赞扬，但她并没有表现出恶意和嫉妒。令人印象最深刻的是，尽管她无法登台，但她并没有中止对音乐的挚爱，这也是她精神世界的真实写照。不仅沃尔夫冈送给她不少可用于演奏的作品，而且有证据表明，她本人还创作了自己的作品。1770年，沃尔夫冈写道："让我吃惊的是，你竟然还作曲，而且还作得那么好。一句话，歌曲很美。不妨试着多写点。"沃尔夫冈认为南内尔满腔热忱，深思熟虑，总是给人以鼓舞，他不希望南内尔与音乐一刀两断，因为正是音乐让他们形成了这种极为亲密的关系。

沃尔夫冈有一点很像他父亲：倔强，富于反叛精神。利奥波德希望儿子能有一个固定的职业，特别是1778年妻子去世后，这个问题显得尤为紧迫，至少薪水要足够让南内尔离开萨尔茨堡。不过，1781年沃尔夫冈搬到维也纳时仍无薪水，翌年他就结婚了。利奥波德仍和女儿留在萨尔茨堡，父女二人都对沃尔夫冈有些失望。南内尔则顺从父亲的意愿，而沃尔夫冈则显得自私任性。

对南内尔来说，找到如意郎君就显得尤为重要了。她深深地爱上了一个叫弗朗茨·阿曼德·狄波尔德（Franz Armand d'Ippold）的男子，但这种结合是没有结果的。最后，她嫁给了两度鳏居、和前妻育有五个子女的约翰·巴普蒂斯特·冯·贝希托尔德·楚·松嫩堡（John Baptist von Berchtold zu Sonnenburg）。沃尔夫冈鼓励南内尔坚持她的真爱，但她对父亲越来越顺从。南内尔直到33岁才结婚，在那个时代已是晚婚，晚婚的原因不是别的：她聪明能干，举止得体。

南内尔的婚姻生活并不轻松：她要照料五个没受过教育的继子女，她弟弟名满欧陆，而她还得靠她父亲接济。她父亲给她买东西，找仆人照顾她，还要花钱买她弟弟的乐曲送给她。南内尔去看望她父亲时，她父亲把音乐家召集在一起，和她同台演奏，甚至还鼓励她与丈夫抗争。

她与父亲的关系越是亲密，她与弟弟的关系就越疏远，因为利奥波德根本就不看好他的儿媳康斯坦策（Constanze）。沃尔夫冈的姐姐和他父亲基本没再出现在他的新生活中，只是南内尔还是会向她弟弟要新的乐曲来演奏。正是由于南内尔还保留着这些乐曲，我们今天才能欣赏到沃尔夫冈的钢琴协奏曲的华彩乐段。

1785年夏，南内尔生下了她的第一个孩子，是个男孩，遂以她父亲之名命名。她回到了家乡萨尔茨堡，在那里生下了孩子，回到圣吉尔

▲ 孩子们为欧洲王室的重要成员演奏

根（Sankt Gilgen）时，她并没有把她儿子带在身边。利奥波德想亲自抚养他这个外孙，一直将他留在自己身边。很有可能的是，利奥波德眼中的外孙也是个音乐天才，因而想在外孙很小的时候就教他音乐。

沃尔夫冈是通过他们之间的通信获知此事的，于是询问他父亲：能否在他旅行的时候也由父亲负责照看他的孩子，而他父亲拒绝了。不管这个外孙是不是个音乐天才，至少从这一点可以看出，他们的父亲到底更疼爱哪个孙辈。

然而，到了1787年，利奥波德去世了，南内尔不得不开始了没有父亲接济的生活。沃尔夫冈得知父亲的死讯时，父亲已下葬了。姐弟本已生分，随着他们生活中这样一位强势的重要人物的逝去，姐弟关系彻底破裂了。年轻时的沃尔夫冈和南内尔通信频繁，关系亲密，如今他们通信的主要话题就是父亲的财产处置。1788年，他们之间的通信完全中止。

1791年，沃尔夫冈死于某种神秘的疾病，这或许唤起了南内尔对过去他们之间关系的回忆。她断断续续地写了有关沃尔夫冈的传记材料，里面有不少关于她所了解和喜欢的弟弟的趣闻逸事。尽管南内尔和她父亲一样都对沃尔夫冈的妻子表示失望，但还是放下前嫌旧怨，和她共同创作弟弟的传记。在收集沃尔夫冈的音乐作品的原始材料并将其传给后人方面，这两位女性可谓厥功至伟。南内尔后来写道，每当读到有关弟弟的文字时，就重新唤起她作为姐姐对弟弟的那种情感，读到沃尔夫冈深陷"窘境"时，她多次潸然泪下。对南内尔来说，她对这个一心要效仿她的小男孩的情感，实际上从未泯灭，现在她要做的事情就是竭尽所能地把有关沃尔夫冈的往事记下来，让更多的人了解他的作品。

我们要感谢南内尔，因为正是她在沃尔夫冈离世后的那段时间里，令他的名声日隆。她本人不再与其他人联系，为的是能够看到她弟弟受到应有的关注，同时也是想让她深爱的父亲的毕生事业——培养一个音乐方面的传奇人物——有个交代。

1801年，南内尔的丈夫去世了，她第一次摆脱了男子的影响和命令。她带着孩子们回到了萨尔茨堡，当了一名音乐教师，以此维持生活。自始至终，她都热爱音乐。

▲ 威廉·布莱克（William Blake）在《罗斯之歌》（*The Song of Los*）中承认神圣的造物主的存在，驳斥了启蒙运动关于科学的宇宙的理念

后启蒙时代

理性时代渐渐褪去，一个新的世界呼之欲出。
浪漫主义运动已蓄势待发，工业革命已准备就绪，
一个新时代即将启幕。

凯瑟琳·柯曾

启蒙时代并没有戛然而止，也没有黯然落幕，而是在18世纪末日渐高涨的反启蒙运动的潮流中渐渐褪去。启蒙思想家以牺牲浪漫主义为代价，强调理性主义的重要性，但不是每个人都认同这种观点。

18世纪70年代的德国率先发出不满的声音，"狂飙突进"运动强调情感自由，反对启蒙运动所提倡的情感自制。没过多久，理性时代就受到批判，当恐怖蔓延整个法国时，理性时代也日薄西山了。

随着法国大革命的结束，理性时代也该寿终正寝了。有人认为，因启蒙运动对教会犯下了罪行，法国大革命就是上帝对此施加的惩罚；还有人认为，启蒙运动在法国大革命中起到了重要作用，而不单单是如其本义那样仅仅是"启蒙"。在批评者看来，启蒙运动支持自由和理性思想，质疑王权神授，已经把文明引向了没有道德的真空中，那里对错相淆，不顾一切地为了自由；在那里，没有对和错，只有冷冰冰的、毫不动摇的理性。

浪漫主义的哲学家已站在艺术和文学界的两厢，他们秉持的理论与此前流行的并没有太大的区别。浪漫主义者，如英国的柯勒律治（Coleridge）、拜伦（Byron）和法国的夏多布里昂（Chateaubriand）等代表性人物，认为启蒙思想家把人看成了茫茫宇宙中的理性的自动机器。他们认为，这种哲学思想有意忽视每个个体的灵魂和自然界之美丽、之独特。浪漫主义者主张妥协，即认为理性只是人性的一部分，除了理性，还有精神、直觉等。启蒙哲学家认为，人类必定掌握自己的命运；浪漫主义者则认为，宇宙受制于某些超出人类操控的定律。

如果说启蒙思想家宣扬的是理性的重要性，那么浪漫主义者则大声疾呼人的情感自由。不要

工业革命

运输系统 1761

重货的运输对工业革命来说至关重要。要解决这个问题,办法就是开凿运河。运河是一种人工河,要足够深,可使载重的驳船在其中长距离行驶。布里奇沃特(Bridgewater)公爵聘请初出茅庐的工程师詹姆斯·布里德利(James Bridley)开凿了一条从他在兰开夏的煤田到曼彻斯特的运河,以此解决煤炭运输问题。该运河于1761年建成,大获成功。此后出现了更多的运河,形成了运河网,把英国主要的工业中心都连接起来了。

▶ 布里德利开凿的布里奇沃特运河在艾尔韦尔河(Irwell)上的水道桥

伊特鲁里亚工厂 1769

富于创新精神的陶工、废奴主义者乔赛亚·韦奇伍德(Josiah Wedgwood)在特伦特-默西运河(Trent and Mersey Canal)沿岸开设了伊特鲁里亚(Etruia)工厂。尽管当时运河尚未竣工,但韦奇伍德看到了运河在运送他的产品方面的价值。他在工厂里引入新的生产管理方法,大大提高了工人的产出量。他把陶工的工作分解为具体的几项,如制坯、塑型、烧制、上釉等,把每项任务分配给专门做这项工作的工人。这就是"劳动分工",后来的工厂都效仿这种生产方式。

▲ 著名的陶工乔赛亚·韦奇伍德

● **加热**
亚伯拉罕·达比(Abraham Darby)发明了焦炭作为燃料的鼓风炉。这样一来,冶炼铁矿石的成本降低了,大大提高了铸铁品的产量。1709

● **飞梭**
羊毛厂主约翰·凯伊(John Kay)发明了飞梭。这样一来,可以用机械化的方式纺线,不再用手工的方式了。1733

▲ 位于德国伍珀塔尔(Wuppertal)的早期工业化博物馆里的珍妮纺纱机模型

● **纺线**
詹姆斯·哈格里夫斯(James Hargreaves)发明了珍妮机。1764

● **让蒸汽机随处可见**
瓦特与马修·博尔顿(Matthew Boulton)合作,开始在伯明翰制造蒸汽发动机。1774

● **单调乏味的工作**
塞缪尔·克朗普顿(Samuel Crompton)把珍妮机和水力纺纱机的功能结合起来,发明了一种新机器,被称为"纺织骡子"。1779

● **合二为一**
理查德·阿克莱特看到了瓦特蒸汽机的前景。他是首批使用蒸汽机的棉纺厂主之一。1786

▶ 理查德·阿克莱特

1709　　1720　　1750　　1760　　1770　　1780

● **早期的蒸汽机**
托马斯·纽科门(Thomas Newcomen)发明了大气式蒸汽机,用于煤矿矿井抽水。这也是商业化生产的第一个成功案例。1712

▲ 纽科门的蒸汽机图示

● **仅加水即可**
理查德·阿克莱特(Richard Arkwright)与他人合作,为他的水力纺纱机申请了专利。这是由水轮带动的纺织机器。1769

● **詹姆斯·瓦特的改进**
苏格兰发明家瓦特在纽科门的蒸汽机的基础上加上了单独的冷凝器等,经过改进,他设计出了效率更高的蒸汽机。1769

▲ 詹姆斯·瓦特

● **又是瓦特**
瓦特又多次实验,持续改进他的蒸汽机。他把直线往复的泵运动改为圆周运动,从而提高了效率。1781

● **动力织布机**
纺织行业的另一项创新来自埃德蒙·卡特赖特(Edmund Cartwright),他发明的动力织布机提高了编织效率。1785

卢德分子的暴动 1811—1815

工业革命带来了变革,但也引起了动荡。熟练工因机械化而面临失业,于是闯入工厂,破坏机器。一个据传叫卢德(Ned Ludd)的人被认为是卢德分子(Luddite)的领导人。骚乱愈演愈烈,以至于政府通过一项法令,规定破坏机器者最高可被判死刑。

▲ 冲冠一怒为机器:正在进行破坏的卢德分子

"大不列颠号"蒸汽船 1843

土木工程师布律内尔(Isambard Kingdom Brunel)有许多了不起的成就。他的杰作之一就是设计了"大不列颠号"蒸汽船。这艘蒸汽船被认为是现代轮船的前身,因为这艘船第一次把三种要素融合到一起:由金属建造,以发动机作为动力,由螺旋桨推动。该船于1843年下水,是当时世界上最长的客船,1854年退役。该船保存至今,是到布里斯托尔的游客必游之处。

▲ 具创新精神的摄影师亨利·福克斯·塔尔博特(Henry Fox Talbot)所拍摄的"大不列颠号"蒸汽船,很可能是这艘船的第一张照片

工业革命时期的燃料
1900

随着蒸汽机和熔炉数量日增，对煤炭的需求也迅速增长。英国的煤炭供应充足，但为了扩大产量，经历了从地表开采到深井开采的转变。煤田充满了危险，在1842年《矿业法》颁布之前，煤矿主会毫不怜悯地剥削包括妇女儿童在内的劳动力。煤的产量不断攀升，1800年的开采量为1000万吨，到了1900年，这个数字就飙升至两亿吨。

▲ 19世纪英国的煤田分布示意图

▲ 第一次客运列车通车

火车时代来临
1830

英国历史上第一条成功运营的铁路是1830年开通的利物浦至曼彻斯特的56千米长的铁路。该铁路既运送旅客，也运送货物。这条铁路使得工业中心曼彻斯特与海港利物浦之间的货物和原材料的运输成本更低、更便捷，也标志着运河运输时代的终结。

● **全球范围**
在美国，伊莱·惠特尼（Eli Whitney）制造出了轧花机。这台机器可从籽棉中分离出皮棉，而这项工作以前都是手工完成的。**1794**

● **天才的火花**
迈克尔·法拉第（Michael Faraday）发现了电磁感应原理。他的研究表明，电是可以被应用到实际技术中的。**1831**

● **与钢铁结下不解之缘的人**
在把生铁冶炼为钢铁的工序中，第一个有效益的专利是由发明家、工程师贝塞麦（Henry Bessemer）申请的。**1854**

● **照明**
发明大王托马斯·爱迪生（Thomas Edison）改进了灯泡，使之可长时间稳定地照明。他的发明都和电有关。**1879**

● **莱特兄弟的新玩意**
莱特兄弟（Wilbur and Orville Wright）建造并试飞了第一架完全受控的、依靠自身动力运行的飞机。奥维尔驾驶着他的"飞行者"共飞了12秒。**1903**

▲ 位于康涅狄格州的伊莱·惠特尼博物馆里展示的轧花机

▲ 迈克尔·法拉第

▲ 爱迪生发明的第一款灯泡式样图

`1790 ─── 1800 ─── 1820 ─── 1840 ─── 1860 ─── 1880 ─── 1900 ─── 1908`

● **动力运动**
理查德·特里维希克（Richard Trevithick）在展示了他的名为"喷火魔鬼"（Puffing Devil）的蒸汽机车车厢后的第三年，驾驶着一辆蒸汽机车行驶在威尔士的铁厂轨道上。**1804**

● **加速**
乔治·斯蒂芬森之子罗伯特·斯蒂芬森在火车比赛中以速度最快而获奖，他驾驶的是"火箭号"蒸汽机车。**1829**

● **缝线速度更快**
艾萨克·辛格（Isaac Singer）在伊莱亚斯·豪（Elias Howe）的平缝机（双线锁式缝纫机）基础上，发明了真正实用的缝纫机。**1851**

● **通话**
在苏格兰出生的科学家亚历山大·格拉汉姆·贝尔（Alexander Graham Bell）被认为是电话机的发明者，尽管伊莱沙·格雷（Elisha Gray）宣称电话机是他发明的。**1876**

● **驶向成功**
德国机械工程师卡尔·本茨（Karl Benz）在妻子贝尔塔（Bertha）的督促下，发明了以内燃机为引擎的汽车。**1885**

● **大规模生产，大众化消费**
亨利·福特（Henry Ford）生产的T型车。由于他采用流水线大批量生产的方式，很多人都能买得起他生产的汽车。**1908**

▲ 位于斯旺西（Swansea）的国家海滨博物馆里的特里维希克机车复制品

▲ 1885年，本茨的专利——三轮马车

第一台计算机
1837

工业革命以来，许多机器的设计仅停留在纸面上。当时已设计好但并未建造的设备中，最令人称奇的要属查尔斯·巴贝奇（Charles Babbage）的分析机了。他曾设想一台体型硕大、由黄铜制造的、以蒸汽作为动力的机械数字计算机。今天的计算机设计者在改进计算机时发现，其实巴贝奇早已预料到在计算机设计中会遇到的几乎所有方面的问题。

▲ 位于伦敦的科学博物馆展示的巴贝奇的分析机的一部分

钢产量大幅增加
1865

当贝塞麦的转炉炼钢法改为平炉炼钢法后，钢产量大大增加。平炉法是卡尔·威廉·西门子（Carl Wilhelm Siemens）设计，皮埃尔·埃米尔·马丁（Pierre-Emile Martin）加以改进的炼钢法，这种方法更容易控制，可融化、精炼大量的废钢铁。运用西门子-马丁的方法，钢产量大幅增加，这也意味着建设中用钢的地方会越来越多。

▲ 在德国出生的工程师卡尔·威廉·西门子大部分时间在英国工作

▲ 福塞利的《噩梦》（Nightmare）与启蒙时代流行的、表现工业场景和科学场景的风格迥然不同

指望人能控制宇宙，但如果情感得到释放，不再唯理性是从，那么，人类才有可能与宇宙同在。对浪漫主义者来说，现实中的每个人的真实状况并不是由理性分析形塑的，而是由各自理解事物的方式形成的。人，不仅仅有身体和头脑，还有冥契于宇宙的深厚的意识。

启蒙运动中的画家偏爱有关科学奇迹和自然风光的内容，浪漫主义对此则摈而不用。相反，浪漫主义者创作了非写实手法的画作以及古代故事、圣经故事和古典神话的戏剧性场面。约翰·马丁（John Martin）的画作表现了天神震怒的场面，他也因此成为公众喜爱的画家；而威廉·布莱克（William Blake）等偶像般的人物则创作了不少神话题材的作品，表现了圣经剧中的场景。他们之所以选择古希腊和古罗马的英雄作为素材，不仅仅是因为他们从其简洁的线条中获得了启发，还因为这些神话中的人物的故事亘古如新。

由于启蒙运动想要理解自然，给自然归类，最终控制自然，因而这种方法自然会被运用到工业上。启蒙运动赞美辛勤劳作，认为有一种纯粹之美，当然，如果能再结合自然界，就更完美了。随着帝国的扩张，人们对物质产品的需求大幅增长。人们需要工作更长的时间才能满足这种需求，于是开始出现新发明，工业也有了新发展。英国过去是农业国，如今变为工业国，而随着人口拥入不断扩张的城市中，农村经济开始萎缩。

随着工业的发展，大工厂多从事制造业，取代了曾助飞英国经济的家庭手工业。理查德·阿克莱特等实业家开始引进机器，过去很多人干的活，现在机器在很短的时间内就可以干完了。最终，这些工厂都变得阴森昏暗，带有典型的维多利亚时代的特征：男子、妇女、儿童有时会无休止地轮班，从事艰苦繁重的工作。

在工业革命时期，工业的高速发展对更高效的运输也提出了要求。遍布全国的运河，穿过乡村，承担了运输的任务。这些水道就是那时的高速公路，把煤炭和商品运送到全国各地，取代了过去艰辛的陆上和海上之行。由于工业革命聚焦于城市的扩张，因而也引领了新的生活方式，城市成了社会的中心，最穷的人的处境更加恶化。

工业革命改变了英国妇女的地位。过去是男主外女主内，随着农业经济的萎缩，妇女在家庭中的地位也随之发生了变化。在新的工业化的城市里居住，处处需要花钱，于是女性开始找工作。她们通常是做女佣或到工厂里干活，当然，挣的比男子要少。曾经，妇女的手艺和勤劳支撑起了家庭；如今，她们的手艺和勤劳支撑起了国家经济。尽管女权主义的观念在彼时尚未兴起，但男女平等和妇女的能力得到承认很快就成为整个国家都要重视的事情。

出于经济需要，妇女被迫去做工，她们加入了劳动大军，而这支劳动大军正在为争取工人的权利而斗争。对妇女来说，这已不仅仅是为了改善工作条件，而是已触及英国民主的核心。妇女曾是家庭的核心，有了她们，才有了人们的一日三餐，如今她们又维持了创造财富、助燃帝国经济的英国工业的运转，但她们却没有给制定了约束她们的法令的政府投票的权利。很快，争取选举权的运动如火如荼，尽管道路是曲折的，但在英国妇女看来，争取投票的权利是最重要的斗争内容。

尽管启蒙时代是短暂的，但其影响是持久

卢德分子

当机器接管了他们的工作，卢德分子选择了奋起反击。

卢德分子是一群19世纪有被剥夺感的纺织工人，他们往往诉诸激进的、直接的行动。当纺织行业大规模使用机器时，这些工人就担心他们的工作，并决定让全社会关注他们的抗议活动。

卢德运动始于诺丁汉郡，后来蔓延至约克郡和兰开夏郡。卢德分子的组织纪律性强，他们的抗议活动主要是捣毁工厂里的设备以及烧掉使用机器的工厂。政府的回应则是派军队平息他们的示威活动，但卢德分子则回之以迄今最为震撼人心的抗议。

一群卢德分子持械劫持并刺杀了约克郡的工厂主威廉·霍斯福尔（William Horsfall），后者曾直言不讳地反对卢德分子。只是，这一次他们实在太过火了。被围捕并受到公审的卢德分子有60人，意在警告卢德分子：他们的行为不会被容忍。尽管被审判者中一部分被判无罪，但那些被判有罪者则受到了严厉的惩罚，有的被流放，有的被判死刑。由于担心遭到同样

▲ 当年的卢德分子因抗议而受到严厉的惩罚，今天的人们用蓝色纪念牌纪念他们

的惩罚，卢德分子开始给行动降温，没过多久就销声匿迹了。

▲ 梁式发动机等机器推动了工业革命

▲ 玛丽·雪莱是启蒙运动时期的两位著名人物（玛丽和威廉）的女儿，但她并没有继承父母的哲学观点

的，这种影响不仅体现在艺术、文学和科学发现方面，还体现在英帝国和改变了英国风貌及英国社会的工业革命的颇受争议的遗产中。后启蒙运动时期是启蒙思想家所希冀的科学昌明、工业发达的时期，但另一方面，在工业化的新世界里，人们对启蒙的信念也渐渐动摇了。法国大革命固然涤荡了启蒙思想家所抨击的上层阶级的颓废堕落，但僵硬的阶级结构和既定秩序则基本原封不动。对知识和科学创新的追求，并不会因每个人的自我提升而止步，但却有可能止于一个新的工业时代，在这个新的时代里，上层阶级和中产阶级大发横财，而社会底层的人只能手胼足胝以满足快速发展的帝国和帝国里向上流动的国民的需要。

尽管启蒙时代致力于知识的整理和传播，

但对工人阶级来说，却几乎无用。但在后启蒙时代，工业发达，国家繁荣，与此同时，识字率和受教育程度也开始飞速提升。统治阶级之外的那些人开始组织起来，争取获得认同感和基本的权利。曾经的欧洲，遍地的家庭手工业和欣欣向荣的乡村经济，如今已由密布的工厂取代，迥非昔日之旧貌。

在后启蒙时代，正当欧洲的城市一片兴旺、帝国时代蒸蒸日上之时，曾经非常重要的乡村经济衰落了。随着新居民的拥入，新市镇的兴起，城市不断扩张，这些新居民来自农村，到城里是为了找到一份可靠的工作，因为在广大的乡村地区，很难能找到一份像样的工作了。在这些进城找工作、憧憬着在这个全新的工业化的未来里有自己一席之地的人当中，就有从未离乡外出务工的妇女。现在，她们离家外出工作，这在之前的几个世纪里都是不可想象的，而且她们还要追求平等和最基本的权利，后者只是和她们一起卖力干活的男子才享有的。

这是我们今天的现代世界的开端。在今天，我们能够看到早期的选举权之萌芽，能够认识到现在称之为女权主义的哲学。正如启蒙思想家最终让位于浪漫主义者，在工业的力量之下，面对黑暗阴森、恶贯满盈的工厂和令人绝望的贫民窟（如今已是工业化的维多利亚时代的同义语），富于理想主义的浪漫主义哲学家也被边缘化了。在后启蒙时代，理性不再沉睡，而是被用到了极致。

浪漫主义

启蒙运动之后是浪漫主义运动，浪漫主义运动留下了一串串传奇的名字。

与启蒙运动的前辈不同，浪漫主义者憧憬的是中世纪的骑士精神和情感没有被理性压制的古典神话。启蒙运动强调经验主义，经验主义认为知识源于感觉经验，而不是情感。

浪漫主义时期的颠峰期是1800年至1850年，此时诞生了欧洲最受人敬重的天才。威廉·布莱克等著名的艺术家的画作表现的是想象的天神之怒和神话世界，而特纳（JMW Turner）则表现了英国的田园风光，描绘的是尚未经历工业发展的英国乡村。在文学界，启蒙运动明确强调：为了人类的利益，需要给知识分类，需要掌握知识，如今这样的主题已被孤独感和超自然的主题所取代。

在《弗兰肯斯坦》中，玛丽·雪莱虚构了典型的浪漫主义的经历。书中她所塑造的怪物是个被孤立的受排斥者，尽管很有智慧，但他的外貌还是受到了人类的嘲笑。维克多·弗兰肯斯坦（Victor Frankenstein）想要用科学来形塑这个世界，于是创造了一个拥有自己灵魂的生物，但却发现这个生物无力担负起这个责任。这部小说对个人主义和自我提出了严重质疑，可以说是最重要的浪漫主义小说。

▲ 玛丽·雪莱的《弗兰肯斯坦》是一部典型的浪漫主义作品，讲述的是不合群的英雄、历险记、科学与情感的纠葛

图片所属

74	© SPL; Corbis; Thinkstock
89	© Ed Crooks
135	© Getty Images
139	© Getty Images
151	© ogwen
169	© Getty Images